U0594641

文话格言

践行

JIAN XING

冯树洋 编著

吉林出版集团股份有限公司

图书在版编目（CIP）数据

名家美文话格言. 践行 / 冯树洋编著. —— 长春 ：
吉林出版集团股份有限公司，2013.10
ISBN 978-7-5534-3073-7

Ⅰ. ①名… Ⅱ. ①冯… Ⅲ. ①汉语-格言-青年读物
②汉语-格言-少年读物 Ⅳ. ①H136.3-49

中国版本图书馆 CIP 数据核字(2013)第 224190 号

《名家美文话格言》编委会

主　　任：金开诚　王立人
副 主 任：陈尧明　华瑞兴
主　　编：金开诚　陶伯华
编写人员：陶伯华　华瑞兴　肖复新　朱平锋　吴建有　冯树洋

践行

编　　著：冯树洋　　　　选题策划：曹 恒
责任编辑：息 望 付 乐　　责任校对：赵 萍
封面设计：卢 婷　　　　　插　　图：李 亮
出版发行：吉林出版集团股份有限公司
印刷：河北锐文印刷有限公司
版次：2014 年 1 月第 1 版　　印次：2018 年 5 月第 2 次印刷
开本：787mm×1092mm 1/16　　印张：12.5　字数：150 千
书号：ISBN 978-7-5534-3073-7　定价：40.90 元
社址：长春市人民大街 4646 号　邮编：130021
电话：0431-88029877　传真：0431-85618721
电子邮箱：tuzi8818@126.com

我历来认为，对中华传统文化的考证与评估虽然重要，但毕竟只是手段，"古为今用"，为中华民族的团结和振兴发挥积极有益的精神作用，才是目的。这就好比祖宗留下了丰厚的遗产，固然首先要加以清理，但清理只是为了更好地使用；不但要用好，还要尽可能把它"盘活"，使之在现实中生发和增值。惟其如此，也才能使优秀传统文化更加贴近广大群众，尤其是贴近青少年而利于久远的流传与弘扬。我们编撰这套《名家美文话格言》，就是想在优秀传统文化的古为今用与传承弘扬上做一点尝试与探索。

　　中华文化源远流长，古籍文献浩如大海，而警句格言则是经过历史反复筛选与提炼的思想瑰宝，由此了解中华传统文化，入门容易，且可深窥诸子百家思想之精华。现在，各种中外名人名言选本已出版不少，并受到广大读者的欢迎。我们这套丛书具有与众不同的编撰特点：

　　一是尽可能显示分散的警句格言之间的内在联系。现在编成的六个分册，前三个分册中，《明道》揭示的是中华文化的核心范畴，《尚德》展示的是中华文化的主导价值，《智慧》显现的是中华文化的基本特征，道、德、智正是中华优秀传统文化的三大构成要素。后三个分册中，《立志》为成事之首，《劝学》是成才之基，《践行》是成功之本，志、学、行正是人生不可缺一的三大构成环节。当前我们正在构建社会主义和谐社会的核心价值体系，这一价值体系的建设离不开对传统文化的深刻理解与传承弘扬。全面把握道、德、智这中华优秀传统文化的三大构成要素与志、学、行这人生成长的三大构成环节，

总序

二是充分揭示这些古老格言的现实警世与启迪意义。传统文化，只有取其精华，引申诠释，使之与当代社会相适应、与现代文明相协调，才能既保持民族性，又体现时代性，彰显历史智慧的现实生命力。为此，我们在讲解中既介绍每条格言产生的历史文化背景，又联系现实的国情、世情、人情，阐述它的警世意义及对人生的启迪作用。例如老子、庄子"道法自然"的思想就蕴涵了极其深刻的生态智慧，对化解全球性生态危机具有现实警世意义。孔子、孟子讲的"仁者爱人""舍生取义""富贵不能淫，贫贱不能移，威武不能屈"等名言，对我们抵制社会上的不正之风，弘扬"八荣八耻"的社会主义荣辱观仍有激励作用。《立志》《劝学》《践行》中所选编的那些警世格言，对青少年健康成长更有直接的启示意义。

三是力求图文并茂、深入浅出。对每一条警句格言中的疑难文字，我们都作出明确的注释，并将古文翻译成白话文。在阐述讲解时，尽可能引用相应的历史典故与现代案例，同时配以精美的插图，以适应"读图时代"广大读者的需要。各个分册，按照所编格言的不同内涵特色，或突出哲理，或重在叙事，或来叙来议。其中相当一部分千字文，可以作为语文中考、高考的参考范文。

在编撰本丛书的过程中，我们深深感到中华文化博大精深，诸子格言内涵丰富，限于我们的认识水平，对它们的理解与诠释是不可能毕其功于一役的。对于书中的错误和不足之处，尚望读者朋友给予批评指正。

金开诚

2008 年 3 月

知行观的历史发展

"知难行易"与"知易行难"是传统文化意义上的经典命题，历代的诸位贤哲们都为此发出过深深的感叹，也留下了许多著名的论断。在现实生活当中，知与行究竟孰难孰易，每个人根据自己的人生体验都会做出不同的回答。

在1995年由中央电视台和新加坡电视机构共同主办的第二届国际大专辩论会总决赛上，南京大学队和辅仁大学队就辩题"（正方）知难行易"和"（反方）知易行难"展开辩论。

在这次辩论赛上，作为正方的南京大学队在论述"知难行易"时说："洪荒久远的50万年前，在我们脚下的这片土地上生活着我们的祖先北京猿人。沧海桑田，斗转星移，告别了茹毛饮血的过去，他们学会了钻木取火。火的运用是跨时代的大发现。然而直到100多年前，科学家才揭开了机械能转化为热能的规律，从而科学地说明了钻木取火的真正奥秘。这就无可辩驳地证明了我方立场——知难行易。所谓'行'是人对外界事物作用的过程，包括对'知'的运用；所谓'知'是指对'行'的认识，解决做什么，为什么做和怎样做的问题。'知'既是一个过程，又是一个结果。所谓'知难行易'，是说求知得知难，行动使用易。知难行易与'说说容易做起来难'的言行观'风马牛不相及'，切不可混为一谈。"而作为反方的辅仁大学队则从科学经验的方面来说明"知易行难"，辩称："顶夸克在物理学上早就能够论证出所谓顶夸克粒子的存在，但是还必须等到加速器产生，我们才能确切真实掌握住这样的概念。爱因斯坦发明相对论后，人们却要经过一段长时间的艰辛过程才能创造出原子弹。"所以他们认为："唯有认清知易行难的情况，才能够认清什么情况你不是不知道，你只是不愿意去做。"

古往今来，"知易行难"还是"知难行易"这个辩题一直为人们所津津乐道，直到今天也没有一个确切的答案。这场辩论赛的辩题要辩的也是几千年来中国古典哲学中带有根本性的知行关系问题。

在我国，古典哲学关于知行关系的思想更是极为丰富多彩。从古代最初的阴阳五行说和墨子的唯物主义经验论开始，中间经过了荀子、韩非子、王充、范缜等人的不懈努力和发展完善，直到最后将古典唯物主义思想推到高潮和巅峰的王夫之，唯物主义的传统从未间断过。

而伟大的革命先行者孙中山先生，更是在前人思想的基础上对我国传统的知行关系理论作出了新的阐述和创新发展。作为中国革命的指导者和伟大领袖，毛泽东从历史遗产中参考了大量的思想资料，并以马列主义认识论观点为指导，总结了我国革命实践的丰富经验，撰写了光辉的哲学巨篇《实践论》，用辩证的观点解释和理解知行统一观，从而达到了我国哲学思想史的高峰。

综合诸说，真正对知行关系进行科学的概括和总结的是毛泽东。毛泽东在青年时代曾研读过一些宋明理学家的著作，接受过朱熹的"知先行后"说。五四时期，他已接近于王夫之的"知行相资"说。他在世界观根本转变以后，在革命实践中，一贯强调从实际出发，实事求是，实践出真知的观点。尤其是他的《实践论》，在实践基础上，吸收了中国古代哲学的优秀遗产，创造性地继承和发展了马列主义，形成了伟大的辩证唯物主义的认识论。《实践论》充分地论述了认识和实践的关系——知和行的关系，使知行关系问题得到了科学的解决，也使知行统一观达到了两千多年来中国思想史上的高峰。

毛泽东紧紧围绕实践是认识的基础这一根本原则，具体阐明了认识发展的辩证过程。他在《实践论》中把认识过程概括为"两个飞跃"。他指出："认识的能动作用，不但表现于从感性的认识到理性的认识之能动的飞跃，更重要的还须表现于从理性的认识到革命的实践这 个飞跃（《毛泽东选集》第 1 卷第 292 页）。"因为这两个飞跃都是能动的飞跃，所以他把辩证唯物论的认识论概括为"能动的革命的反映论（《毛泽东选集》第 2 卷第 664 页）"。他认为：人们的认识只有付诸实行，才能起到改造世界的作用。

不仅如此，理论只有回到实践，经过实践的检验，才能得到证明和发展。千百万群众的革命实践是检验真理的唯一标准。一般说，在实践中取得成功的理论是正确的理论，反之是错误的。人们的认识即使是正确的认识，也往往不能一次就把对象认识得很清楚，只有在实践中不断使认识得到修正，使原有的理论不断发展，才能真正掌握客观世界的规律性。

毛泽东的《实践论》将中国传统知行观的合理因素融入马克思主义认识论，丰富和发展了马克思主义哲学；中国传统知行观也为我们深入研究认识和实践的关系，提供了宝贵材料。

中国传统哲学中有许多关于知行关系的警世格言，尽管作者们的世界观或属于唯物主义或属于唯心主义，但其内涵的合理因素都为认识和实践的辩证关系提供了极为宝贵的思想资料，值得我们学习与借鉴。

冯树洋

2008 年 3 月

德 之 躬 行

知 之 践 行

经世之行

思之慎行

目录

志之励行

德之躬行

道德至上的价值取向是中华文化的
典型特征，其本质就是通过激励来
推动人们在道德上自强不息、止于
至善。

博闻强识而让，
敦善行而不怠

子曰："博闻强识而让①，敦②善行而不怠③，谓之君子。"

——《礼记·曲礼上》

> **注** ①让：谦让。
> ②敦：敦促。
> ③怠：懈怠。

●●● 释义 ●●●

　　孔子说："博学多识而且谦让，推行善行而从不懈怠，这才是君子的作风。"

　　"博闻强识而让，敦善行而不怠，谓之君子。"这句话的主要意思是说只有谦虚好学，不耻下问，并且推行善道的人才可以称为君子。孔子是我国伟大的思想家、政治家、教育家，儒家学派的创始人，人们都尊奉他为圣人。而事实上孔子正是这样一个谦虚好学、推行善道的人。

　　据史料记载，孔子非常谦虚好学。一次，孔子去鲁国国君的祖庙参加祭祖典礼，他不时向人询问，差不多每件事都问到了。有人在背后嘲笑他，说他不懂礼仪，什么都要问。孔子听到这些议论后说："对于不懂的事，问个明白，这正是我要求知礼的表现啊！"

　　还有一次，孔子周游列国时，在去晋国的路上，遇到一个7岁的孩子拦路，要他回答两个问题才让路。孩子问："鹅的叫声为什么大？"孔子答道："鹅的脖子长，所以叫声大。"孩子说："青蛙的脖子很短，为什么叫声也很大呢？"孔子无言以对。他惭愧地对学生说："我不如他，他可以做我的老师啊！"

　　谦虚在某种意义上来说来自人的自我定位，是一个人对于世界有了客观的认识之后才拥有的人生态度。没有哪个人是世界上最高明、最完美的。因为，我们每个人视野所及的都是不完整的时空。当一个人站得越高，看得越远时，就会发现自己很无知、很渺小，就像牛顿说自己是站在巨人的肩膀上，就像居里夫人说自己很平凡。

　　博学多才，作为君子，尤其是君子儒，是一个必不可少的条件。孔子说："君子不器"，意思是说作为君子，就不能像器具一样，为一才一艺所

限，而应该用无不适。所以，博学多艺是君子应有的才具。孔子向学生讲学，虽然因人而异，因材施教，学问的涉猎面仍然是很广泛的，精通"六艺"的学生，就多达 72 人。他要求学生在听课时能够举一反三，"能近取譬"；他赞赏颜回能够"闻一知十"，都是以"博学"为基础。若不博学，知识结构单一，就难以"取譬""反三"。

博学的人，往往恃才傲物，所以，孔子认为一个人在博学的同时，还要用礼来约束自己，这样就不会离经叛道，而能成为君子儒。他说："博学于文，约之以礼，亦可以弗畔矣夫！""畔"的释义为"背"，"弗畔"，就是不违背。不违背什么呢？就是孔子说的"七十而从心所欲不逾矩"的那个"矩"，这个"矩"，就是前面所讲的"仁"与"义"。孔子到了 70 岁时才能随心所欲不违仁义，而一般的博学君子则还需要"约之以礼"即通过礼的约束才能做到不违仁义。孔子要求弟子在"博学于文"之后不忘"约之以礼"，可能与当时有学者以"博学"而自大的现象有关，老子曾指出过"知者不博，博者不知"这一不良现象。因为博，反而误入歧途。孔子正是有鉴于此，才提出用"以礼约博"，作为君子的标准之一。

另一方面，作为一个君子也必须推行善道，它既是一种良好的道德修养，也是作为人所必须具备的品质。

孔子弟子在《论语·述而》篇里讲到了孔子怎样行善的问题时说："子与人歌而善，必使反之，而后和之。"这是说：孔子在和人家一起唱歌的时候，总是充满善意，总是让人家先唱，尽量让人家开心，人家唱完后鼓掌再让他唱一遍，这时，孔子才和着人家合唱而已。孔子的弟子把孔子的这一故事称为"歌而善"。孔子行善，在日常生活中，就是尽量不要使他人不开心、不愉快，即尽量不要损害他人的利益。孔子行善不是要让人家的快乐得到增加、让人家的物质利益得到增加，而是不要伤害他人的感情、不要伤害他人的利益。能做到这一点，就是有孔子那样的善了。

中华民族自古就是礼仪之邦，谦虚好学，尊老爱幼，推行善道也是我们一直推崇的。所以"博闻强识而让，敦善行而不怠"理应成为我们每个人的座右铭。

百善孝为先

百善孝①为先。

——王永彬：《围炉夜话》

> **注** ①孝：孝顺。

孝是一切道德行为中应该最先做到的。

传统教育认为，知识的传授并不重要，因为知识总是随着时间和空间在不断地变化着，时间空间变了，知识也要随之更新。但"孝悌"是万古不变的大道，只要人类社会还存在就有孝悌关系存在，这个教育的原则就不能变，教育就必须首先教孝、教悌。

纵观中国文化史，我们不难发现，中国传统儒家文化的核心，就是一个"孝"字，千经万论都是这个字的发挥，都是对这个字的解释而已。懂了"孝"这个字就算明道，遵照孝之理去做就是行道，就是修行，所以说"百善孝为先"。

孝是个上"老"下"子"的会意字，老子合为一体，老就是子，子就是老，表示我们的血缘关系从自己这一代算起，向上追无穷，向下推也无穷，这个直贯古今、无穷无尽的血缘伦理关系就叫"孝"。这是垂直的血缘关系，然后再将孝道的仁爱之心，向外面一层一层地横向展开就是"悌"，第一层是兄弟之道，第二层是夫妻之道，然后是朋友之道和君臣之道，这

践行

相关链接：天地之性人为贵，人之行莫大于孝。——《孝经》

是横向的关系。懂了孝道，其他四道就自然全都懂了，不明白孝道，其他四道也不可能明白，这就是为什么古人说"忠臣必出自孝子"的道理。

忤逆不孝在中国文化里面是重罪，不孝造成的恶果并不完全报在父母身上，儿女不孝，父母当然很伤心，生活可能会艰苦一点，但最大的恶报会发生在子女自己身上。孝是直上直下的血缘伦理关系，祖先积累的福德，就是依靠这条"孝"的管道遗传给子孙后代，不讲孝、不尽孝的人就会自断祖先遗德的伦理道德观。这个损失不仅仅是一代人的事情，子孙万代都会因为这一代人的不孝而断了这条血脉传承的根，这个罪责就背得太大了。

所以说中国传统教育的"首孝悌"，确实是抓住了教育的根本。在家

名家美文话格言

相关链接：夫孝，天之经也，地之义也，民之行也。——《孝经》

知道孝敬父母，在外面才知道尊敬老师、尊敬领导；在家懂得友爱兄弟，在外面才知道亲近朋友、团结同事；在家里把孝道行好了，在社会上才会做人做事。在中国老式住宅大门的门心对子经常会看到这样的话："忠孝传家久，诗书继世长。"孝子出来做事一定是忠臣，不孝父母的人会懂得爱国家、爱百姓，那是不可能的。中国在隋朝以前没有科举制度，国家挑选人才，首先要从各地举荐的孝子中选拔，叫做"举孝廉"。

孔子曰："人之行，莫大于孝。"又曰："夫孝，天之经也，地之义也，民之行也。"由此可见，这位中国历史上伟大的思想家、教育家何等看重孝道，将其作为做人立世之根本，视为天经地义之法则。千百年来，孔子这种"百善孝为先"的思想在华夏大地深深扎根，代代相传，在这里曾经出现过许许多多孝亲敬老的动人故事。

黄香是东汉江夏人，即三国时期东吴人。黄香9岁的时候，就懂得孝敬父母，冬天睡觉前用自己的身体给父母暖被窝，夏天睡觉前用一把小扇子给父母扇枕头。他对父母能尽孝道，是为人子者的好榜样。元代福建延平府的郭居敬，曾将历史上24位孝子的感人故事编辑了一本书，就是《二十四孝》，"黄香扇枕"就是其中的一个故事。

孝是诸德之基础，是道德规范的核心，许多善行都是以"孝行"为基础衍生出来的，不管古时还是现代，孝德这种道德都是可以超越时空而普遍受到肯定和赞誉的。所以，"百善孝为先"的中华传统美德应该发扬光大。

践行

相关链接：夫孝者，百行之冠，众善之始也。——《后汉书》

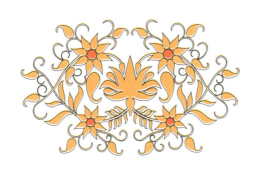

桃李不言，下自成蹊

谙曰："桃李不言，下自成蹊①。"

——《史记·李将军列传》

注 ①蹊：小路。

●●●● 释义 ●●●●

谚语说："桃树不招引人，但因它有花和果实，人们在它下面走来走去，走成了一条小路。"比喻人只要真诚、忠实，就能感动别人。

唐代学者颜师古是这样解释"桃李不言，下自成蹊"的：桃李等树，不会说话，从不自我宣传，但是到桃树、李树下的人却经常不断，树下的野地也会自然地踏出一条路来，这是因为桃树和李树是实实在在地开出了美丽的花，结出了香甜的果，在为人们默默地服务，所以用不着吹嘘，人们自会欢迎它们。做事力求实际，不尚虚声，就叫"桃李不言"。

中华民族五千年灿烂的文化，造就了众多名垂青史的风云人物。西汉时期的一代名将李广便是其中之一。他智勇双全，长期与匈奴作战，为汉朝立下了赫赫战功。作为一名统军大将，他武艺过人、胆略非凡，是不用说的，即便在对待部下诸多兵士上，他也有许多令人津津乐道的故事。

　　在行军征战中，李广治军有方，严于律己、宽以待人。一次，在行军途中，天气非常寒冷，李广发现身边有一个腿部负伤的士卒，冻得全身直打战，行走起来一跛一跛的，十分艰难。于是他立即跳下马背，毫不犹豫地牵着缰绳来到这个士卒跟前，亲切地对他说："你行动如此不便，就暂时骑我的马吧！"说完李广便小心翼翼地把他扶上马背，并且亲自为他牵马，同时，轻声地和他交谈。负伤的士卒受到将军如此的呵护，不由得感激涕零。当军队终于到达宿营地点时，又发现军中粮食缺乏，李广为了让负伤的士卒吃得好些，就将自己那份饭菜也给他送去，自己却是空着肚子挨了一夜。

　　李广为人真诚和善，行事磊落，关心部下，而且不自我张扬，这让许多人深受感动。士卒们因受到将军的关怀，便全力以赴地杀敌打仗，来回报他，致使军队捷报频传，所向无敌。因此，司马迁在他的《史记》中对李广称赞有加。"李将悛悛如鄙人，口不能道辞。及死之日，天下知与不知，皆为尽哀。彼其忠实心诚信于士大夫也？谚曰：'桃李不言，下自成蹊。'此言虽小，可以谕大也。"

　　西方有句谚语说"是金子总会发光的"，说的是同样的道理。有这么一个故事：一个哑人卖刀，他无法说话，也无法用华丽的说辞来形容菜刀如何如何的好。于是他把几根铁丝放在案板上，然后一刀切下，"咔嚓"一声，铁丝断了，刀口却完整无缺，他的刀也因此而被抢购一空。真正好的东西是无需多说的，自然就会被大多数人所接受的。

　　后来"桃李不言，下自成蹊"经常被用来说明教师的素质、学识对学生的重要性。作为一名教师，自身素质很重要，要懂得身教重于言教的道理。无论是道德规范，还是知识体系，无论是教育教学，还是日常生活，无论是对自己，还是对别人，只有真正学高为师，身正为范，才能使学生深受感召，自觉地获取知识，自觉地加强修养，做到不令而行，教学才能"桃李不言，下自成蹊"。《列子·汤问》上有一个"薛谭学讴"的故事：薛谭向秦青学习唱歌，自以为学到了秦青的全部本领，便告辞回家。秦青并不挽留他，却在郊外的大路上为他饯行，打着节拍，唱起悲壮动听的歌，嘹亮的歌声振动了树木，止住了浮动的云彩。薛谭终于被老师的本领所折服，于是就返回要求继续学习，终生不敢说要回家。秦青凭自己的"声振林木，响遏行云"的本领，征服了学生。

所以说，"桃李不言，下自成蹊"是我们追求的一种境界，更是一种学识和修养的体现。骁将李广和古人秦青能做到，我们这些现代人是否也应该坐下来好好琢磨琢磨，平心静气地想一想，聚精会神地读些书，不遗余力地提高自己的水平？

相关链接：言必行，行必果。——《论语·子路》

车无辕不行，
人无信不立

车无辕①而不行，人无信②而不立。

——《孟子》

注　①辕：车前驾牲口的直木。
　　②信：信用。

●●●● 释义 ●●●●

车子没有车辕无法行走，人没有信用无法立身做人。

　　诚信是中华民族的传统美德，是我们传统文化的精华。诚信作为一种道德追求，在我国古已有之，"仁义礼智信"是先人提倡并力求遵守的行为准则。孔子的"人而无信，不知其可也"为历代人们所熟诵。他也曾经多次谈到诚信的重要性，认为一个不讲信用的人，丧失了做人起码的资格，是不能在社会中立足的。

　　"信"字，在字形结构上从"人"、从"言"，讲的是言谈的真实性，言由心出，表里一致。"信"字原本讲的是人在神面前祷告和盟誓的诚实不欺之语。古人认为，神灵具有人所不可企及的智能和能力，人在神面前只能老老实实，否则必有灾祸降临。自尊者人尊之，自敬者人敬之，自信者人信之，这也是人际交往的必然规律。

一个人诚信与否，是以行为和时间来检验的。孔子曾讲："始吾于人也，听其言而信其行；今吾于人也，听其言而观其行。"一个有道德的人，以己之心度人之心，自己诚信故而也相信别人的诚信。然而，人并不都是言而有信、言行一致的，因此要听其言而观其行。《中庸》认为"莫见乎隐，莫显乎微"。在隐蔽的地方，在微小的地方，常常能够看出一个人真正的面目。即使伪装得再高明，总是会露出马脚的。只有表里一致的人，才没有破绽。我们常常看到这样的情况：内在德性诚实的人一般都从来不表白自己的诚实，而惯于说谎的人总是诚恳地向人表白自己说的不是谎言；诚实的人总觉得人人说的都是实话，不诚实的人总觉得别人都不诚实；厚道的人常常认为人人都厚道，工于心计的人常常认

为人人都工于心计。具有丰富人生经验的人，不需费很大的气力就可以通过一个人的言谈洞察一个人的德性。

在现代社会，诚信同样也是个人立身处世之本。它不仅是现代社会公民应该具备的一种基本道德品格，是提升自身素质和实现全面发展的需要，更是一种人人必须遵循的社会道德准则和规范，是一种责任和义务。我们中国一位留学生在德国的公交车上逃了几次票，毕业后去找工作时四处碰壁，他百思不得其解，凭着优秀的成绩和名牌大学的毕业证书，难道找不到一份工作？一家公司负责人的一句话让他找到了原因：你逃票的行为已被记录下来，说明你是个不诚信的人，在德国所有的公司都不会录用你。细微之处见品质，诚信已无所不在地影响着人们的生活。

诚信作为一个基本的道德规范，是对人们的共同要求。与人交往，自己首先要保持诚信。正常的、和谐的人际关系的维持则需要双方或多方都讲诚信。"信"字还包含同心相知、彼此信任的意思。如果双方当面说一套，背后搞另一套，友好的关系不可能得到维持，两人更不能成为朋友。彼此以诚信相待，不因偶然事件而动摇，不因时光流逝而褪色，才算得上是真正的诚信。孟子说："车无辕不行，人无信不立。"诚信，应该成为一种责任和义务，更应该成为个人乃至社会的一种品牌。

相关链接：言无常信，行无常贞，惟利所在，无所不倾，若是则可谓小人矣。——荀子

从善如登，从恶如崩

从①善如登②，从恶如崩③。

——《国语·周语下》

> 注
> ①从：顺随。
> ②登：登山。
> ③崩：山崩。

●●●● 释义 ●●●●

顺随善良像登山一样，顺随恶行像山崩一样。比喻学好很难，学坏极容易。

"从善如登，从恶如崩"的典故出自《国语·周语下》。春秋末期，周敬王的王子朝，兴兵作乱，占领了首都洛邑（今河南洛阳市西）。周敬王逃亡到刘（今河南偃师县西南），又到滑（今偃师县南），后来得到晋军援救，才进至成周(今河南洛阳市东北)。王子朝出奔楚国，但是他的同党还控制着洛邑。周敬王不敢回洛邑，就在成周住下。周王的卿士刘文公和大夫苌弘准备在成周筑起城来，即以成周为首都。为了取得诸侯的支持，苌弘派人先到晋国去征求意见。

当时晋国的执政者是正卿魏献子（即魏舒），他同意苌弘的主张，并且愿意联合诸侯，支持在成周筑城建都。这时，卫国大夫彪傒恰巧来到这里，听说筑城的事，却并不赞成。他就去见周王的另一卿士单穆公。彪傒对单穆公说："苌弘和刘文公的一番苦心，看来是白费了。自从幽王以来，周朝就一代一代地衰弱下来。俗语说'从善如登，从恶如崩'，夏朝从孔甲开始堕落，只四代就灭亡了，而商朝的兴起，却从玄王开始，经过十四代，直到汤王才正式建立；商朝传到帝甲，开始走下坡，也只七代就垮台了。而周朝从后稷开始积德，到文王取得天下却经过了十五代。可见，向上发展是多么不易，而向下败亡总是比较快的。现在，周朝自从幽王走入邪路以来，已经十四代了，难道还有可能挽救吗？"

彪傒的"从善如登，从恶如崩"这句话，后来就作为成语流传下来。"如登"，好比登山，形容艰难；"如崩"，好比山崩，形容一下子就垮了。这句成语的意思是：学好、坚持向上，比较费劲；学坏、堕落，是很容易的。

践行

相关链接：夫祸患常积于忽微，而智勇多困于所溺。——《新五代史·伶官传序》

事实上，做一件好事容易，难的是一辈子做好事。

从善，譬如：当有人在困难之中，你伸出援助之手救人于水深火热之中；无私奉献，不求任何回报，默默地帮助人脱离苦海，等等。这样不就做了件好事吗？从恶，譬如：见死不救，背信弃义，为名誉而不顾多年友情出卖朋友；为金钱而不顾自己的清高做尽坏事；为利益而不顾家人劝阻自甘走向堕落。看似善恶就在人的一念之间，但事实上，从善就像登山一样，需要坚强的毅力和勇气，日本老兵东史郎的故事就能证明这一点。

据报纸报道：日本老兵东史郎，曾经参加并制造了残忍无比的"南京大屠杀"。但他在晚年却幡然醒悟，冲破重重阻力，毅然出版了《东史郎日记》一书，揭露了在"南京大屠杀"中日本人所犯的滔天罪行，并亲自到南京向南京人民公开赔礼道歉。我们不谈东史郎以前是个多么残忍的人，只说他在以后的日子里，深刻反省并改过自新，并在这种情况下，谴责日本政府对历史不负责任的行为，如果没有坚强的毅力和勇气是根本无法做到的。

普遍的观点都认为从恶容易，从善难。其实也不尽然，善恶根植于人的心灵，只要有颗善良的心，就不会从恶了。

相关链接：子曰："见贤思齐焉，见不贤而内自省也。"——《论语·里仁》

富贵不能淫，贫贱不能移，威武不能屈

居天下之广居①，立天下之正位②，行天下之大道③。得志，与民由之；不得志，独行其道。富贵不能淫④，贫贱不能移⑤，威武不能屈⑥，此之谓大丈夫。

——《孟子·滕文公下》

注
①广居：指"仁"。
②正位：指"礼"。
③大道：指"义"。
④淫：迷乱，摇荡其心意。
⑤移：改易其指向。
⑥屈：曲折其节操。

❋❋❋❋ 释义 ❋❋❋❋

居住在天下最宽广的住宅"仁"里，站立在天下最正确的位置"礼"上，行走在天下最宽广的道路"义"上。能实现理想时，就同人民一起走这条正道；不能实现理想时，就独自行走在这条正道上。富贵不能迷乱他的思想，贫贱不能改变他的操守，威武不能压服他的意志，这才叫做大丈夫。

孟子把"居于仁，立于礼，行于义"作为大丈夫应具备的高尚品德；

名家美文话格言

相关链接：贫贱不能移，富贵要济世。——王永彬：《围炉夜话》

把"富贵不淫，贫贱不移，威武不屈"作为大丈夫高迈的节操。那么，这些铿锵有力的话语，是在怎样的情况下说出来的呢？

据《孟子·滕文公下》记载，有一个叫景春的人，向孟子宣扬当时的两位著名的说客公孙衍和张仪是"大丈夫"，以示夸耀。公孙衍曾佩五国相印，张仪曾佩秦国的相印，这两个人都是手握大权、赫赫有名的风云人物。景春夸耀他们是"大丈夫"的论据是，公孙衍、张仪他们一生气便会发生战争，让诸侯们畏惧，他们一平静下来，天下也平静无事了，所以称得上是叱咤风云的"大丈夫"。

孟子对公孙衍和张仪这些专搞纵横捭阖、阴谋诡计，经常无端挑起战乱的人，进行了义正严辞地驳斥，他说，公孙衍和张仪只不过是无原则地顺从君主、趋炎附势的人，不算什么大丈夫。

孟子在驳斥了景春的谬论后，紧接着便对什么是真正的大丈夫的标准，作了明确的说明和界定。他认为，真正的大丈夫有两个标准：一是要有"行天下之大道"的远大志向和抱负，并能将此大道推行到广大人民中去；二是要有"富贵不能淫，贫贱不能移，威武不能屈"的道德操守。只有这样，才算得上是大丈夫。

大家对叶挺的故事非常熟悉。1941 年 1 月，新四军军长叶挺在皖南事变突围时负伤被捕。在国民党监狱里，面对皮鞭铁镣的折磨和高官厚禄的诱惑，他始终坚贞不屈，矢志不渝，满怀对革命事业的忠诚，写下了气壮山河的《囚歌》。像他那样希望"在烈火和热血中得到永生"的精神气节才是真正践行了"富贵不能淫，贫贱不能移，威武不能屈"的道德操守。

孟子的这些话，今天依然可以指导我们去探索人生的价值。

首先，富贵是来之不易的，是要求倍加珍惜的。有些人富贵起来了，就被富贵冲昏了头脑，把当初的凌云壮志忘得一干二净。结果是什么为富不仁的事情都做出来了，用富贵满足自己的物欲，把富贵当成了放纵自己的理由。结果是只能把自己推向更为惨重的失败。

其次，贫贱的时候要坚定意志，做到这一点应该说是很不容易的。贫贱当然是任何人都不愿意承受的，是所有人都极力避免的。但是生活中确实有很多人要经历贫贱的阶段，只有在贫贱中付出巨大的努力才能够获得真正的成功。因此，要学会在贫贱中忍耐和甘于寂寞，它是贫贱者能否成功的关键。在一切诱惑面前能保持住自己一份宁静的心态是比什么都重要的，这样才有可能在贫贱中崛起。

再次，在压力面前不卑不亢，不向邪恶的势力摧眉折腰。现实生活中确实有不少的人缺乏这一点。屈从于金钱，屈从于权势，屈从于利益的是大有人在。当今社会，每个人都面临着巨大的生活压力，只有坚持高迈的节操，不屈不挠，才能变压力为动力，进而赢得光明的前途。

人要做得顶天立地，就要在什么时候都能够保持住自己的品质，保持住自己在任何时候都能够以同样的坚定处理事情。真正做到"富贵不能淫，贫贱不能移，威武不能屈"。能做到此三点，才真正算得上是大丈夫，算得上是个纯粹的人。

相关链接：宁可枝头抱香死，何曾吹落北风中。郑思肖：《画菊》

践行

道德者，行也，而非言也

道德者，行①也，而非言②也。
——梁启超：《新民说·论私德》

注　①行：行为。
　　②言：语言。

●●● 释义 ●●●

一个人是不是有道德，是看他的行为，而不是听他的语言。

　　自孔子开始，就以道德品行的标准作为依据划分君子与小人，后来演变成了著名的议人评人标准。传统道德中，中国人更重视道德的践履，也就是重行。用梁启超的话说，叫做"道德者，行也，而非言也"。

　　西汉末年，皇太后王政君依仗临朝实权，给自家的兄弟子侄封侯许爵，使外戚王家掌握了汉朝的实权。王氏家族一朝得势，其成员也就难免声色犬马，一个比一个骄横，争豪华，赛奢侈。唯一的例外，是身为皇太后侄子的王莽，不随其波而逐其流。王莽因父亲早死，未赶上封侯。所以，他就一直生活俭朴，勤奋读书，平日只与京城的名士结交，疏远权贵豪门的纨绔子弟，待人恭敬有礼，行事谨慎小心，对于自己的几个叔父，更是克尽孝心，病床前奉汤奉药，全无怨言……总之，他是温良恭俭让，样样俱全。以致朝里朝外人，多盛赞王莽为王家中最贤明的子弟，

名家美文话格言

相关链接：试玉要烧三日满，辨材须待七年期。——白居易：《放言》

堪称道德的典范。

　　不久，王莽也因此而被封侯，成为他同辈的王家子弟中最显贵的人。即便如此，他仍谦虚谨慎，不积蓄财富，尽其所有来赡养投奔他的宾客。更令天下人感动的是，当王莽的儿子王获杀死了一个官奴后，在那个奉行"刑不上大夫"的时代，本来很易蒙混过去，而且即使是按照当时的刑律，王获也罪不当死。王莽却不然，为了维护他自己多年来克己奉公的名声，他硬逼着王获自刎而死。这种大义灭亲、严于律己的作为，震动了朝野。王莽因此被颂扬为功比周公的有德者，朝廷要加封他为"安汉公"。对此，

践行

相关链接：子曰："其身正，不令而行；其身不正，虽令不从。"——《论语·子路》

王莽先是谦让推辞了多次，舆论制造得够了，他才接受了封号，但却推辞了一切的赏赐，因为他说自己有这样一个宏愿：在天下的百姓都家富人足后，自己才愿接受赏赐。几年之后，王莽抓住一件猪狗血洒上家门的事件，逼他自己的长子王宇服毒而死。然后再网罗罪名，杀了包括他自己叔父和堂弟在内的数百人，这依然是在大义灭亲的幌子下进行的。不久，朝廷要将几百万亩的土地加封给他，也被他推辞了。如果王莽的表演就此结束，那么他的真面目就被掩盖了。因为他不久就毒死了汉平帝，自己先是当了"摄（代理）皇帝"，然后又公然篡权，把汉朝改为"新"朝，当上了"新皇帝"，进行复古改制。此时，人们才看清了王莽的真面目，知道他以前的俭朴、忠孝和勤政，只不过是为了捞取政治资本、实现其政治野心的手段，他的所谓"大义灭亲"，不过是从杀子出发，以达到铲除自己政治对手的目的。称帝后，干莽的种种倒行逆施，终于导致了绿林、赤眉军大起义。当义军最终攻入长安时，死到临头的王莽，还亲执短刃，守在六十万斤黄金级别的珍宝旁，最终死在义军刀下。

王莽前后半生的反差，足以说明了他是一个借君子之行来营小人之私的典型。他"言方行圆，口正心邪，行与言谬，心与口违"的伪善还是逃不过历史的检验，人们最后还是真正看清了他小人的伪善与私心。所以说，一个人是不是有道德，是看他的行为，而不是听他的语言。

穷不失义，达不离道

故士穷不失义[1]，达[2]不离道。
——《孟子·尽心上》

注　①义：仁义。
　　　②达：显达。

●●●● 释义 ●●●●

所以士人穷困时不失去仁义，显达时不背离道德。

作为社会属性的人来说，除了物质需求之外，还有精神需求。一个人的修为愈高，其对精神的需求也愈高。儒家认为，做人首先要"立志"，为自己确立一个人生理想，奋斗目标。经过努力，一旦发达得志了，就要"立功、立德、立言"。也就是说，人生在世，不应该满足于一己私利，而应该胸怀天下，建功立业，为苍生百姓谋福利，让天下人都能过上好日子，树立好的道德榜样，创造好的精神财富，还要让它世世代代传承下去。

人生得志固然好。平心而论，如果有可能，谁不想在人生舞台上叱咤风云，有一番大作为以青史留名？然而，现实生活中，并不是每一个人都能获得机遇的青睐，每一个人的努力都能成功，每一个人的理想都能实现；也不是每一个人一生的发展道路都会一帆风顺，事事如意。有时磨难、挫折、坎坷的事情恐怕也是在所难免。我们知道，孔子生前就是一个极不得志的人。他虽有崇高的理想，有强烈的使命感，而且学识渊博，满腹经纶，可惜他的思想在他那个混乱不堪的时代显得不合时宜，虽经周游列国，四处游说，却始终不被那些一心想称霸天下的诸侯所赏识。因此，孔子空有一腔辅佐君王治理天下，恢复西周王朝盛世景象的雄心壮志，却终其一生郁郁不得志，一直没有机会去实现他的政治抱负，有时候甚至穷困潦倒，几乎身陷绝境。但孔子并没有因此而自甘堕落。

孔子认为，虽然自己一生不得志，没有机会去实现伟大抱负，不能在政治上"泽加于民"，利用自己的政治才能为天下百姓服务，但也不能以此为理由怨天尤人，自暴自弃。不能"泽加于民"，还可以"修身见于世"嘛！因此，无论是穷还是达，孔子始终恪守着"穷不失义，达不离道"的准则。他十分赞赏自己最得意的弟子颜回，能够做到"一箪食，一瓢饮，在陋巷，人不堪其忧，回也不改其乐"。

在孔子的心目中，作为一个有德性的人，无论如何应该守住自己的高尚志趣和纯洁心灵，守住为人处世的道德底线，应努力做到"穷不失义，达不离道"，并且可以以自己的行为作典范去教育别人、影响社会。在这方面范仲淹可说是一个典范。

据宋代文献资料《言行拾遗事录》卷一载：被誉为"北宋第一人"的仁宗时参知政事范仲淹幼年丧父，生活相当艰苦，他在淄州长白山醴泉寺读书时，每天煮一锅粟米粥，凉了之后划成四块，第二天就着一点盐水泡韭菜，早晚各吃两块——"划粥割齑"的成语即来源于此。

有一天，范仲淹看见一只白老鼠钻进地穴，好奇心促使他将洞穴挖开，发现里面有一瓮满满的白银。尽管生活如此贫困，但范仲淹坚守自己的道德准则，仍然将这一瓮白银封存埋在原处。后来范仲淹中了进士当了官，寺僧想修缮寺院，找这位当年的老房客、如今的朝廷命官"拉赞助"。范仲淹为官清正，内无余帛、外无盈财，也不会假公济私，慷国家之慨，用公家的钱为自己装门面。再说，那时的财政管理也很严，不是哪个当官的大笔一挥就能拿到钱。好在原来发现那瓮白银，此时正好派上用场，因此写了一封书信告诉老和尚这件事。老和尚按他所指示的地点，果然挖出一坛子白银。

孔子和范仲淹的故事告诉我们，"穷不失义，达不离道"，也就是要求我们在现实无法使道义推行于天下的时候，不忘记自己的现实责任和义务，而更进一步去完善自己，为将来做好一切准备，一旦有条件可以推行道义，便挺身担当，积极参与社会。在这方面他们二人都是我们学习的典范。这也应成为我们更高的精神追求。

相关链接：君子之修身也，内正其心，外正其容。——欧阳修：《左氏辨》

人之立身，所贵者惟在德行

故知①人之立身，所贵者惟②在德行，何必要论荣贵。

——吴兢：《贞观政要·教戒太子诸王》

> **注**
> ①知：知道。
> ②惟：只。

●●● 释义 ●●●

作为一个人，最可贵的是他的德行，而不在荣华富贵。

中国古代先哲特别强调修身为本，重视道德践履，强调道德修养、修心炼己。就"修身、齐家、治国、平天下"的递进关系而言，包含四个层面："修身"属于个人伦理，私德层次；"齐家"属于家庭伦理，家族伦理；"治国"属于社会伦理，公德层次；"平天下"意即使天下众生万物和平相处，则属于终极伦理，即"达德"。其中，基础是修身，修心炼己。

这种重德、尚德精神的基本要求是以德修身，以德化人。核心是德以善为本，即以善心善行为本。它的内涵是：

与人为善。《广韵·狝韵》中说："善，大也。"引申为以宽厚、仁慈的心态待人接物，成人之美。"君子莫大乎与人为善"意为君子的最高德行就是偕同别人一道行善。善，在孟子思想中具有至高无上的地位，善不仅是君子追求的最高标准，也是区分好人与坏人的依据。

利他善群。"合群""利群"之德，是我国古代和近代思想家的道德追求。《荀子》说："君者，善群也。"梁启超讲："公德者何？人群之所以为群，国家之所以为国，赖此德焉以成立者也。人也者，善群之动物也。"人是不能离开社会群体而孤立生存的社会动物，所以应该"合群""利群"，爱群为公。

与邻为善。儒家非常强调善待邻人的重要性，主张"己所不欲，勿施于人"；提出"亲仁善邻，国之宝也"；强调与朋友交，言而有信；崇尚"礼之用，和为贵"。孔子主张"德不孤，必有邻"，认为只要在邻我关系中讲究道德，相互关系就会顺利。

积善成德。善，是一种由量变到质变的过程。《荀子·劝学》中说："积土成山，风雨兴焉；积水成渊，蛟龙生焉；积善成德，而神明自得，圣

相关链接：天生烝民，有物有则；民之秉彝，好是懿德。——《诗经》

心备焉。"高尚的品德，需要长期"善"的积累。

所以，"勿以善小而不为，勿以恶小而为之"，要做到"于细微处见精神"。

善以诚为本。"诚"，一切善心、品德、人格至要，人生至道。《中庸》云："诚即真实无妄。"朱熹说："诚者，真实无妄之谓。"明清之际王夫之有时把"诚"直接解释为"实有"，用以说明物质世界的实在性，说："夫诚者，实有者也。"中国传统文化中把"诚"作为自然界和人际社会的最高道德范畴，它的基本要求是守信无妄，就是言行一致，表里如一。《吕氏春秋》有《贵信》篇，把信当做人立身处世的根本，并主张人生以诚信为贵，"君臣不信，则百姓毁谤，社稷不守；处官不信，则少不畏长，贵贱相轻；赏罚不信，则民易犯法，不可使令；交友不信，则离散郁怨，不能相亲；百工不信，则器械苦伪，丹漆染色不贞"。

正因为如此重德、尚德，所以我们中国人更强调以德修身、以善为本，所以古人更强调"人之立身，所贵者惟在德行"，认为一个人的"德行"修养才是人之修身的首要要求。也正因如此中国的历代帝王都非常重视对子女的道德教育。唐太宗就很重视对孩子进行"德行"教育，他亲自告诫他们："人之立身，所贵者惟在德行，何必要论荣贵""汝等位列藩王，家食富封……必须自勉励，使善事日闻，力戒纵欲肆情""若不遵诲诱，忘弃礼法，必自致刑戮，父虽爱之，将如之何"。意思就是说：作为一个人，最可贵的是他的德行，而不在荣华富贵。你们现在已有了"贵"和"荣"，必须要好好注意自己的德行修养，要学会自勉自制，多做善事，切忌放纵自己。假如你们不听从我的话，没有德行，违反礼义法规，必定受到刑法制裁，到那时，我是爱莫能助的。

为了有利于子女和兄弟的"德行"教育，贞观七年（633年）唐太宗又特命魏征"录古来帝王子弟成败事，名为《自古诸侯王善恶录》"，分赐给子女、兄弟，要他们把此书"置于座右，用为立身之本"。让他们从前人善者成、恶者败的事例中吸取经验教训，得到鼓励，从而重视自身的德行修养。

古人尚知德行是做人的基础，立身的根本。今之人之立身，更须德行为先。

上德不德，是以有德

上德^①不德，是以有德；下德^②不失德，是以无德。

——《老子·三十八章》

注 ①上德：不表现为形式上的"德"。
②下德：表现为形式上的"德"。

相关链接：德无为而无以为；下德无为而有以为。——《老子·三十八章》

●●●● 释义 ●●●●

高层次的"德"不强调表面"有德"，因此才是真正"有德"。低层次的"德"，自认为不丧失"德"，因此实际上是没有"德"。

道德最高尚的人，不注重表面形式上的道德，因此他才真有道德；品德低下者，故意显示有道德，所以没有道德。这是从两个层次而言的，也是老子一贯的命题方式。在老子看来真正的大德的表现是不德。所谓的"大德"是形而上的本体的玄德，是真正得道之德，"不德"是不有心为德，不表现自己有德。

《聊斋志异》之《考城隍》中有一句话："有意为善，虽善不赏；无意为恶，虽恶不罚。"正是对老子这句话的注解。上善不善，最高的善是不有意为善，有意为善是沽名钓誉；下善不失善，低级的善是有意为善，是假善，假仁假义，施恩图报，或怀着不可告人的个人目的去为善。同理，上德不有意为德，是真正的品德；下德处处不忘表现有德，是虚伪的品德。正如"古之学者为己"是真正的学，是提高自己的境界；"今之学者为人"，是表面上做给人看的学，不是真正的学。

助人为乐不留姓名就是"上德"，助人望报或别有目的则是"下德"。与孙武齐名的吴起最善用兵，一是足智多谋，二是士卒卖命，故能百战百胜。《史记·孙子吴起列传》记载："起之为将，与士卒最下者同衣食，卧不设席，行不骑乘，亲裹赢粮，与士卒分劳苦。卒有病疽者，起为吮之，卒母闻而哭之。人曰：'子卒也，而将军自吮其疽，何哭为？'母曰：'非然也。往年吴公吮其父，其父战不旋踵，遂死于敌。吴公今又吮其子，妾不知其死所矣，是以哭之。'文侯以吴起善用兵，廉平，尽能得士心，乃以为西河守，以拒秦韩。"吴起之所以对士卒好，还亲自为士卒吮吸疮疽的脓血，并非真心行好，而是为了让士卒感恩图报，战场上为他卖命，这便是"下德"。士卒的母亲哭着说出了吴起的险恶用心，当年也是吴起为这个士卒的父亲吮脓，结果士卒的父亲冲锋陷阵勇往直前，很快便战死了；如今吴起又为她儿子吮脓，说不定不久以后她儿子又会牺牲在战场上了，所以士卒的母亲闻而哭之。在这里，吴起之行在这位母亲看来是有所图的，他的行为不是"上德"，是"下德"。

据《史记·淮阴侯列传》记载：韩信是个市井流浪儿，当不了官，做不了买卖，常贴着人家吃白食，人们都厌烦这个"嘴上抹石灰"的青年。有一回他在城下钓鱼，很多老妈妈在那里漂洗棉絮，有一个老妈妈看见韩信没饭吃，就把自己的午饭分给他一些。就这样一连漂洗了数十天，韩信跟着那位好心的老妈妈吃了数十天饭。韩信非常感激，说以后一定重重报答她，老妈妈生气地说："男子汉大丈夫不能自己挣饭吃，我可怜你才给你饭吃，哪里希望你回报啊！"这位老婆婆不是故意为善，而是出于慈母之爱心，决不望报，是真正的上德、上善！而韩信却"以小人之心，度君子之腹"，发誓以后重报，这便是不忘德的"下德"，不忘善的"下善"。

同为"北宋五子"的大哲学家二程兄弟一起赴宴，座中有妓女侍酒。在古代文人狎妓是很平常的事情，但程颐还是拂袖而去，而程颢却视而不见，谈笑自若，与客人们尽欢而散。次日二程谈起此事，程颐仍不高兴，认为主人慢客，程颢笑道："某当时在彼与饮，座中有妓，心中原无妓；吾弟今日处斋头，心中却还有妓。"大程是"上德"，他不有意表现自己的清洁高尚，反而与妓女一起吃饭，只是"视而不见，不与乱也"。小程便是"下德"，有意表现自己的清高，不与妓女同桌，而且过后还念念不忘，虽不失德，却是局限于表面形式的形而下的德。大程是心学，座中有妓时心中无妓，"大德不德，是以有德"；小程是理学，座中无妓时心中还有妓，"下德不失德，是以无德"。

所以说，真正有德之士是不会整天把"德"挂在嘴边，以之训导约束别人的，顺乎自然，顺乎本性，自然有德。而一些貌似"有德"的"下德"之人，总想着要去"维护"道德，结果道德在他这里却越来越偏离了本质，忘记了道德的自然本性，反而失去了道德。

相关链接：德比于上，欲比于下。——荀悦：《申鉴·杂言下》

践行

名家美文话格言

相关链接：惟贤惟德，能服于人。——陈寿：《三国志·蜀书·先帝传》

勿以恶小而为之，勿以善小而不为

勿①以②恶小③而为④之，勿以善小而不为。

——陈寿：《三国志·蜀书·先帝传》

> **注**
> ①勿：不要。
> ②以：因为。
> ③恶小：很小的坏事。
> ④为：做。

●●● 释义 ●●●

不要因为坏事很小就去做，也不要因为好事很小就不去做。

　　"勿以恶小而为之，勿以善小而不为"，这是刘备临终前对儿子刘禅说的话。意思是不要以为这件善事、好事太小而不去做，每天做一件小善事总可以积少成多，积沙成塔；也不要因为这件坏事很小不会让别人知道而去做，如果做了几次，你的品德就慢慢被邪恶腐蚀，心灵就会被黑暗所吞没。他这句话的目的是想让刘禅不要轻视小事，一定要深刻认识到"小"中有大，"小"水滴可穿石，"小"火星足以燎原，"小"不忍则足以乱大谋。这句话的后半句是"惟贤惟德，能服于人"。意思是唯有贤德的人才能服人。"勿以恶小而为之，勿以善小而不为。惟贤惟德，能服于人"真实体现了中国传统的政治思想理念。

孔、孟的政治主张从来都是强调"德治"和"仁政"，告诫统治者要"以德服人"，要用自己的人品、高尚的道德来影响臣民，征服百姓。刘备在复杂的政治斗争中领略到遵循儒家政治思想理念对于角逐天下的重要性，因而他十分注意自身品德人格的修养，树立贤德之君的风范，从而形成了自己鲜明的政治品格特点。所以在他临终的时候仍念念不忘留下遗诏告诫刘禅："勿以恶小而为之，勿以善小而不为。惟贤惟德，能服于人。"正是这个"惟贤惟德，能服于人"的基本政治理念，铸成了刘备一生受人敬重的政治品格，成就了刘备的一生霸业。使他成为一个优秀的政治家，爱民爱才、宽厚仁义、知人善任，待人公正真诚。

铁面无私的包拯是我们大家熟知的清官，百姓们都尊敬地称他为"包青天"。他一生就经常处处着眼于小处，时时以这句话告诫自己。据说他铡了负心的驸马陈世美之后，皇帝一直怀恨在心，胡乱找个借口把他削职为民后还是不解恨，仍想找点借口整治整治包拯。包拯被削职之后，京城客栈受命不准留包拯过夜，包拯只好收拾行李连夜动身。为官一直清正的他没有钱雇车，只好自己和家僮步行。出了京城，由于天热难耐，包拯口渴得很，但附近并没有村庄，甚至连井水都没有。正巧看见一块瓜地，结了一地的西瓜。周围并无人看管，包拯无奈只好摘下一个和家僮用拳头砸开来吃。这一切被尾随而来的太监看到，心想：君子说"瓜田不纳履，李下不整冠"，包拯竟然偷西瓜吃，还算清官吗？可是正在说着，却看见包拯从钱袋里掏出几个铜钱放在摘瓜的地方，然后又继续上路了。包拯的"恶小"不为，"惟贤惟德"的品行让我们今人现在读来仍敬佩不已。

其实西方的思想观念中也有相似的认识。在《伊索寓言》中就有这样一则小故事：一个自小丧父、由妈妈独自抚养的孩子被母亲百般溺爱，天性淳善的孩子眼见母亲仅仅靠每日给别人洗衣谋生，很是疼惜母亲的辛苦。于是有一天，他在学校偷了同学的书和铅笔以省下点钱，并且回家告诉了妈妈。本该好好教育孩子的母亲不但没有教导孩子正确的金钱观和是非观，反倒对孩子赞赏了一番。孩子在慢慢长大，"小恶"渐渐发展成为"大恶"，终有一天，已经成为惯偷的青年因为偷了王宫的金子而被判处死刑。临刑前，他的母亲已是悲伤之极，他请求行刑官允许他和母亲再说几句话，谁也没有料到的是，他在母亲附耳过来的时候一下子把母亲的耳朵给咬下来了。人们都难以理解，这个青年却说，"她的耳朵摆着也是没用的，如果当年她在听到我偷东西的时候告诉我这是不对的，现在我又怎么会落到如此下场？"

所以说，积善之心，应人所共有；助人为乐，应成为人之常情。一点点看似无关紧要的细节和小事、一句鼓励的话语、一个关怀的举动，可能会改变一个人的一生啊！与人为善，乐人之乐，这世界才会越来越美好，诸多"小善"终会汇成社会温暖的涓涓细流，让人们在面对困境的时候仍心存一念：这世界总有"善"的存在。

名家美文话格言

相关链接：千淘万漉虽辛苦，吹尽狂沙始到金。——刘禹锡《浪淘沙》

先义而后利者荣，
先利而后义者辱

荣①辱②之大分：先义而后利者荣，先利而后义者辱。荣者常通，辱者常容。通者常制人，容者常制于人。是荣辱之大分也。

——《荀子·荣辱》

> **注**
> ①荣：荣誉。
> ②辱：耻辱。

●●●● 释义 ●●●●

　　荣誉与耻辱的根本区别在于：以道义为先而后才言利就是荣誉，以求利为先而后才讲道义就是耻辱。能得到荣誉的人常通达，干耻辱之事的人常困窘。通达的人常管理别人，困窘的人常被别人管理。这就是荣誉与耻辱的根本区别。

　　人一定要有明确而不含糊的荣辱观念，否则就不可能表现出高尚的道德情操，甚至还会颠倒是非，以荣为辱，变成寡廉鲜耻之徒，作奸犯科，成为社会的公害。古代的先贤对此极为重视，认为这是加强人的自我修养所必不可少的。荀子的"先义而后利者荣，先利而后义者辱"这句话告诉我们荣与辱的根本区别，就在于一个人做事究竟是以道义为先，还是以私利为先。这也确是至理名言。试想，耻辱之事有什么不是始于私利呢？

知"荣辱之大分"则能自我修身。荀子本人就是明大义而弃小利之人，再加上才智卓异而成为战国后期最杰出的思想家。荀子精研自家之学，且皆有深悟，尤其推崇儒家的创立者孔子。在赵国，荀子曾和临武君在赵孝成王座前议论兵事；又曾两至秦国，见秦昭王以及范雎，议论政治。荀子大约 50 岁的时候游学齐国著名的稷下学官，与天下贤士如孟子、邹衍、田骈等齐聚一堂，尤以年高德劭，学术优长而享盛誉。不仅"最为人师"，而且"三为祭酒焉"，无可争议地居于领袖群伦的地位。因在齐不以私利向权贵谄媚而招忌，后奔楚，定居兰陵。他的一生就是明荣辱，践行"先义而后利者荣，先利而后义者辱"的一生。

在荀子看来为保护、占有一己之私利而背弃正义，是自古以来各家各派都一致反对的恶行，荀子将其称为"至贼"，意思是说，没有比这更恶劣的了。他认为只要为私利而不惜有意识地抛弃正义，就势必坏事做绝。不仅会贪赃枉法，而且会害人虐物，甚至出卖国家利益。只要社会上还有这种保利弃义的恶行在，荀子的"先义而后利者荣，先利而后义者辱"的警世格言就值得我们时刻深思警惕。

荀子言"物类之起，必有所始，荣辱之来，必像其德"，意思就是说，正如万事万物的发生必有各自的起因，人的荣辱也总是和他们自身的品德、优劣大体相一致。当然，这里所说的荣辱，是指正常的，符合社会公理的状态下，所取得的荣誉，或招致的耻辱，而不是指在是非被颠倒，黑白被混淆的非正常状态下，被窃取的所谓荣誉或被强加的所谓耻辱。正常状态下的荣誉感，是鉴别人的精神道德是高尚还是猥琐的重要标志。就荣誉而言，贵在以自身的高尚道德和优秀业绩取得，而靠权势得到的所谓的荣，则无足道哉！就侮辱而言，重在是否由于自身的恶行而自取之辱，或轻外部权势所强加的辱。只有这样的荣辱观才能对维护社会正义，淳化社会风气具有重大意义。

"先义而后利者荣，先利而后义者辱"这一警世格言，对于净化人们心灵及社会风气，建立社会主义和谐社会应当说很有借鉴意义。

报怨以德

名家美文话格言

相关链接：子曰："何以报德？以直报怨，以德报德。"——《论语·宪问》

为无为①，事无事②，味无味③。大小多少④，报怨以德⑤。

——《老子·六十三章》

> **注** ①为无为：以"无为"的态度去作为。这是说要顺乎自然，虽为之却像无所为，毫不做作。
> ②事无事：前一个"事"，动词，做事、从事的意思。无事，不创新事，含有不搅扰、不干涉的意思。事无事，以"无事"的方式去做事。这也是说要顺应自然。
> ③味无味：前一个"味"，动词，玩味。无味，寡淡无味。味无味，把恬淡无味当做味。意思也是顺应自然，恬淡处世。
> ④大小多少：这四字意义欠明，解释不一。多数学者认可的一说是大小多少，即大生于小，多起于少(因此解决问题就从小处着手)的意思。
> ⑤报怨以德：即以德报怨，用恩德去报答别人的仇怨。

●●● 释义 ●●●

以"无为"的态度去作为，以"无事"的方式去做事，以"无味"作为味。大生于小，多起于少，用恩德去报答怨恨。

老子的哲学是冷寂的、宁静的。它总是操着和世俗文化不同的声音，就像一个隐居山林的老道，发出一连串令人迷惑的古音。老子崇尚自然的道德观，要求人们用从自然界中得到的启发来处理人与人之间的关系，顺应自然之道，而不能把自己的意志强加在对象身上。"报怨以德"即是说，以自得于自然之心平和地对待别人之怨，不予计较，而是等待对方的觉悟，最后双方和睦共处。即所谓"善者吾善之，不善者吾亦善之"。

这是人生的一种很高的境界。要做到以德报怨，必须有一颗宽容的心。在现实生活中，如果人们在面对仇恨时能够平和心态，宽以待人，能够放弃不必要的争斗，以德报怨，许多悲剧是可以避免的，甚至历史可能会呈现一种别样的美丽。下面的这则寓言故事或许会给我们这方面的启迪。

魏国边境靠近楚国的地方有一个小县，一个叫宋就的大夫被派往这个小县去做县令。两国交界的地方住着两国的村民，村民们都喜欢种瓜。这一年春天，两国的边民又都种下了瓜种。不巧这年春天，天气比较干旱，由于缺水，瓜苗长得很慢。魏国的一些村民担心这样干旱下去会影响收成，就组织一些人，每天晚上到地里挑水浇瓜。连续浇了几天，魏国村民的瓜地里，瓜苗长势明显好起来，比楚国村民种的瓜苗要高不少。楚国的村民一看到魏国村民种的瓜长得又快又好，非常嫉妒，有些人晚间便偷偷潜到魏国村民的瓜地里去踩瓜秧。宋就听到这个情况后忙请村民们消消气，让他们都坐下，然后对他们说："我看，你们最好不要去踩他们的瓜地。"村民们气愤至极，哪里听得进去，纷纷嚷道："难道我们怕他们不成，为什么让他们如此欺负我们？"宋就摇摇头，耐心地说："如果你们一定要去报复，最多解解心头之恨，可是，以后呢？他们也不会善罢甘休，如此下去，双方互相破坏，谁都不会得到一个瓜的收获。"村民们皱紧眉头问："那我们该怎么办呢？"宋就说："你们每天晚上去帮他们浇地，结果怎样，你们自己就会看到。"村民们只好按宋就的意思去做，楚国的村民发现魏国村民不但不记恨，反倒天天帮他们浇瓜，惭愧得无地自容。

这件事后来被楚国边境的县令知道了，便将此事上报楚王。楚王原本对魏国虎视眈眈，听了此事，深受触动，甚觉不安，于是，主动与魏国和好，并送去很多礼物，对魏国有如此好的官员和国民表示赞赏。魏王见宋就为两国的友好往来立了功，也下令重重地赏赐宋就和他的百姓。

历史上这样的故事还有很多。秦汉时期，功成名就的韩信没有杀掉当年让他受胯下之辱的青年，使这人感激涕零，愿意终生为他效劳；三国鼎立时期，孟获的叛乱严重危害了蜀国的稳定，但诸葛亮在讨伐南中时，却一次次放走对手孟获，最后使桀骜不驯的孟获心悦诚服，从此效忠蜀汉，听命于诸葛亮的调遣，成为蜀国巩固后方的"基石"。

相关链接：以德服人者，中心悦而诚服也。——《孟子·公孙丑上》

所以说，老子的"报怨以德"的精神是一种很高的修养境界，对于我们现代人来说，在这物欲横流，竞争日益激烈的社会环境里，学会这种柔性之道，保持自己的平常心是非常重要的。

名家美文话格言

相关链接：树高者鸟宿之，德厚者士趋之。——刘向：《说苑·说丛》

相关链接：见人善，即思齐；纵去远，以渐跻。——李毓秀：《弟子规》

诸恶莫作，众善奉行

诸①恶莫作，众善奉行②。

——周希陶：《增广贤文》

> 注
> ①诸：各种。
> ②行：施行。

所有的恶事都不要去做，要尽力多行善事。

"诸恶莫作，众善奉行"这句格言的意思是所有的恶事都不要去做，要尽力多行善事。这句贤文教育人们要远离恶行，做一个善良的人。

"善"字是会意字，从言，从羊，"言"是讲话，"羊"是吉祥，本义吉祥。《现代汉语词典》对"善良"的解释是：心地纯洁，没有恶意。

"善出者善返，恶往者恶来。"世上却总有那么一些人，为了一己私利而千方百计地陷害别人，结果反而使自己成为受害者。

从前，福建有个天宝山，山下的道观里住着三个道人。一天，他们商定一起上山采药。傍晚时，他们挖着挖着，忽然发现地下埋有许多银子。当时天色已晚，三人商量先取出一些银子打酒买肉，等天亮了再挖出剩下的银子。

他们商定先派一人进城打酒买肉，两人留下看守。见到这么多银子，他们各自私心渐起。留下的两个道人暗暗商定，等打酒买肉的道人回来后将他杀死，地里的银子由他们两人分；打酒买肉的道人也暗自盘算，心想把毒药放在酒中，把那两个道人毒死，银子就全归自己了。于是，买好酒之后，他把毒药放入酒中，带到山上。

买酒的道人刚到山上，另两个道人一拥而上，把买酒的道人杀死了。然后，他俩高兴地又是喝酒，又是吃肉。正当他俩讨论如何分银子时，突然感到肚子疼痛难忍，不一会儿便中毒身亡了。

这则故事说明，做人要与人为善，善待他人，不能财迷心窍，贪得无厌，尔虞我诈，否则，常常是一害他人，二害自己，两败俱伤，没有好的结果。

《增广贤文》中说："善有善报，恶有恶报；若有不报，日子未到。"意在让人弃恶从善，否则难以逃脱最终的惩罚。女皇武则天时期几个酷吏的结局就很好地证明了这一道理。

公元690年，武则天废黜睿宗李旦，改国号为"周"，武则天以67岁高龄正式登基称帝，成为中国历史上唯一的女皇帝。武则天为了巩固她的地位，控制百姓的言论，在朝廷上设置了四个铜匦（检举箱）收受告密文书，另外还起用了一批酷吏，其中最有名的有来俊臣、索元礼、周兴等。这些人大都出身无赖，性格残忍，以告密陷害为职业。他们还创造了许多"新奇"的审讯酷法，如"驴驹拔橛""仙人献果""玉女登梯""请君入瓮"等，这些骇人听闻的酷刑使囚犯"战栗流汗、望风自诬"。酷吏们用极其残忍的刑罚，仅诛杀唐朝宗室和元老大臣就达数千家，连武则天极为信任和非常能干的大臣狄仁杰也差一点被迫害致死。武则天放手让酷吏们为自己清除政敌，但当酷吏们的滥杀造成新的危机，引起社会动荡时，她便毫不犹豫地将这些酷吏抛了出去，一一杀之以平民愤，酷吏们的残暴最后落了个恶有恶报的下场。

"请君入瓮"这一成语就出自当时。据《资治通鉴·唐则天皇后天授二年》记载：有人告发文昌右丞周兴与丘神绩串通谋反，武则天命来俊臣审理此案。来俊臣将周兴请到监牢中，摆上酒席和周兴对饮。酒至兴头时，来俊臣对周兴说："现在有许多囚犯不招供，请问老师有何办法?"周兴说："这很好办。只需取来一个大瓮，在瓮底下烧火，将囚犯放进瓮里慢慢加热，就什么都解决了。"于是来俊臣命人取来大瓮，按照周兴所教的方法，在大瓮四周烧炭加热，然后站起身来对周兴说："老师，有人告您谋反，请您入瓮吧！"周兴听了惶恐万分，叩头认罪。后来就以"请君入瓮"来比喻以其人之道，还治其人之身。

　　古人之鉴，对今人来说是个教育。因此，在我们日常生活中，哪怕很小很小的错误行为，哪怕一点点的邪恶念头，千万不能轻视，它们都会影

响到我们的内心。这就是在今天重提"诸恶莫作，众善奉行"的理由。再看当今一些人，不知自省自明，急功近利、怨天尤人，更不知心平气和地待人、待事，理应引起我们的反省。

名家美文话格言

相关链接：功莫大于去恶而好善，罪莫于去善而为恶。——贾谊

多行不义必自毙

多行不义必自毙^①。

——《左传·隐公元年》

相关链接：不怨天，不尤人。——《论语·宪问》

注 ①毙：倒下去。

坏事干多了，结果是自己找死。

　　"多行不义必自毙"，即大凡坏事做多了最后受害的必定是自己，这意思大概世人共知。这一警世格言出自《左传·隐公元年》。

　　春秋时，郑武公从申国娶了个妻子，名字叫武姜。武姜生了郑庄公和共叔段，郑庄公出生的时候是难产，吓坏了他的母亲武姜，所以武姜喜欢小儿子共叔段而不喜欢郑庄公，多次请求郑武公改立共叔段为太子，武公没有答应。郑庄公即位以后，武姜又请庄公封给共叔段好的封邑，郑庄公将共叔段封在京这个地方。共叔段在京大兴土木，所建的城墙的规格超过了规定规模，大臣祭仲认为共叔段有野心，劝郑庄公早点解决共叔段的不轨行为。郑庄公说："人要是做多了坏事，定会自己害自己，你等着瞧吧。"后来共叔段又私下让郑国西部边境地区的人民既听国君的命令，又听自己的指挥，不久就干脆将它据为自己的领地，且面积不断扩大。祭仲认

045

为共叔段拥有的百姓越多，危害越大。郑庄公说："用不义手段收罗的民众不会团结，再多也会分裂。"共叔段在自己的封地上修城池，制造兵器，训练兵士，并和母亲武姜约定，要进攻郑国都城，由武姜做内应打开城门，里应外合。郑庄公知道后，认为时机已到，便派兵讨伐共叔段，共叔段封地上的人民背叛了他，共叔段逃到鄢，庄公又追击到鄢，最后共叔段逃亡到共。郑庄公真切地看透了世事的本性，放纵共叔段娇奢之气，自大之心，失民之行，最终使其陷入孤立无援的境地，这不能不说是郑庄公的精明，但就其实质而言，害了共叔段的最终只是他自己。不能克制自己的私欲，不能警惕自己的行为，不能为民着想，这些性格的缺陷，注定了他不能成为帝

名家美文话格言

相关链接：非其有而取之，非义也。——《孟子·尽心上》

王，他的结局终究只能是败者。

"多行不义必自毙"，作为告诫之语，从反面道出了"不义"之行的不可取。"多行不义"是因，"自毙"是果，而一个"必"字已说出了个中联系。如若共叔段能早知此意，也不至觊觎不属于自己的王位，即便觊觎，此后的种种背道而驰的行为也应不至于产生。

同样的道理在宋代释普济所著《五灯会元》中也有记载："僧问金山颖：'一百二十斤铁枷，教阿谁担？'颖曰：'自作自受。'"这便是成语"自作自受"的出处。就是说人自酿苦酒自己喝。由此可见，虽是立义不同，前例重于治国之谋略，后例偏向于为人处世之态度。然而毫无疑问，两例都道出了自省的要处，倘非如此，却只一味放纵心性，不辨好恶，失德至此，就好比金山颖自造铁枷套住自己的脖颈一般无二，最后只好承受自己所行的"不义"之恶果。

相关链接：高行微言，修身养德。——黄石公：《素书》

君子计行虑义

君子计^①行虑义^②，小人计行其利^③，乃不利^④。

——《吕氏春秋·慎行》

注

①计：谋划。
②义：道义。
③利：赢利。
④不利：不好。

释义

　　君子谋划行动时考虑道义，小人谋划行动时期待赢利，结果反而会不好。

　　慎行，即谨慎行事。古人认为，行为不能不慎重考虑，如果不慎重考虑就去行事，就会像奔向深谷一样，前路难以预测，可能稍不注意，一步不慎就要粉身碎骨了，到时后悔也来不及。之所以如此，是因为不同的人在谋划时的出发点不同。因为在谋划行动的时候，君子和小人所考虑的因素是不一样的。君子谋划行动的时候考虑的是道义为重，而小人谋划行动时更多考虑的是期待从中获得利益，结果反而会适得其反。

　　战国时候楚平王有个大臣叫费无忌，嫉恨太子建，想要除掉他。平王从秦国给太子娶了一个美丽的妻子，费无忌从中调唆平王把她夺过来，平王于是照他说的做了并且开始疏远太子。费无忌又劝平王说："晋王之所以称霸，是因为离各个诸侯国近，而我们楚国太过偏僻，不能够与晋国争霸。不如扩大城父城，将太子安置在那里，以谋取北方各国，而大王您自己收取南方的吴国、越国，这样就可以得天下了。"平王于是很高兴地同意了，让太子住在城父城里。太子在那里刚住了一年，费无忌就诬陷太子要和连尹在城外发动叛乱。平王起初不相信，可是费无忌又接着说："因为他妻子被您抢了过来，太子早就对您心生怨恨了；而且他自以为如同宋国一样，有齐国、晋国的帮助就可以加害于我国了，他们早就谋划好了。"平王于是相信了费无忌的话，开始派人追捕太子和连尹，使得这两个人逃亡国外。后来，费无忌又绞尽脑汁想要杀害人民很爱戴的左尹，并设计使

相关链接：君子怀德，小人怀土。——《论语》

得左尹被令尹杀害，这件事使得人民非常愤怒，而杀害左尹的令尹也因此背上了骂名。这时候，有个很有智能的人对令尹说："这些事情都是费无忌一手策划的，他是我们楚国专说坏话的人，使得太子逃奔他国，费无忌又设计杀害了左尹；堵塞了国王的视听，现在还害您处于不义之境地，老百姓都指责您杀害了无辜，看来祸害不久就要到您的头上了啊！"令尹终于豁然明白，出兵杀害了费无忌。这则故事给我们的启示是做事情如果不是从道义的前提出发，只想着谋个人私利而害人的时候最终只会招致自己的毁灭。费无忌就是这样的例证。

"计行虑义"，也就是告诉我们行为一定要谨慎。这也是我们经常听到的话。古往今来，多少君主因为自己的行为不够检点而身死国亡，又有多少大臣由于言行不谨慎而不得善终呢？俗语说：一招不慎，满盘皆输。为人行事，应该都是相同的道理。

知之践行

知难行易与知易行难是传统文化意义上的经典命题，历代的诸位贤哲们都为此发出过深深的感叹，也留下了许多著名的论断。

知之匪艰，行之惟艰

知之匪①艰，行之惟②艰。

——《尚书·说命中》

> 注 ①匪：通"非"。
> ②惟：只。

释义

不是知道艰难，而是实行很难。

在儒家文化中，因为其成圣成贤的思想最终是要落实到道德实践上才能得以实现，所以"行"在中国文化中占有重要地位。中国古籍中关于"行"的文字出现很早，《左传》中就有"非知之实难，将在行之"的说法，《尚书》中说："知之匪艰，行之惟艰。"这些记载强调了"行"比"知"对人的正确认识有更重要的意义。孔子最主要的思想即"仁""忠恕"，他不光要求人要有同情心，而且要求用行动来实践同情心，孔子的哲学也是道德践履哲学。孟子提出仁政的最深刻根源是人的"四端"之心，并且认为理想人格的造就全在于道德实践，在于将自己天赋的善性推及他人。荀子则提出"见之不若知之，知之不若行之"的著名命题，提倡"学至于行而止"，认为道德行为是道德理想的最后完成。

名家美文话格言

相关链接：以行而求知，因知以进行。——孙中山：《孙文学说》

至宋明理学时期，程颐又提出著名的"致知在格物"说，认为获得知识的根本途径在于对具体事物的深入考察。

为何"知之匪艰，行之惟艰"？主要归结为两个方面：

一、躬行践履，事上磨炼

"事上磨炼"是古代思想家们提出的，在"躬行践履"的基础上磨炼自己的意志，在艰难困顿中体现道德精神、锤炼人格素质。在他们看来，要实现自己的人生价值和人格理想，并不是一蹴而就的事情，而是必须落实到道德行为上，经过一番艰辛的磨炼过程才行。在中国历史上，经过事上磨炼而成就大业的不乏其人。明代著名医药学家李时珍为著《本草纲目》，不畏艰难险阻，踏遍千山万水，大胆亲尝药草，熟悉各种药材的性能，并进行记载，以传后世。此书对中国药物学的发展作出了巨大贡献，是我国医学的一份宝贵遗产。还有我们伟大的民主革命先行者孙中山先生，他首先喊出"振兴中华"的口号，开创了完全意义上的近代民族民主革命。期间，孙中山先生克服重重阻力，屡挫屡奋，毫不气馁，为振兴中华，他鞠躬尽瘁，死而后已。他们躬行践履，事上磨炼并最终获得成功的事例再一次告诉我们"知之匪艰，行之惟艰"。

二、德在于行，行高于言

"履，德之基也"是说，躬行践履（此处指遵循古代的礼制）是德量涵养的基础，用陆象山的话说就是："道德贵在于行。"中国古代思想家们认为，道德品质是通过道德行为表现出来的，道德认识（知）对于养成良好的道德品质固然重要，但如果只停留于知而不付诸于行，只知什么是善恶而不在行动上切实为善去恶，那就毫无道德意义。只有将获得的"知"转化、落实为"行"，德方是我之德，善方是我之善，否则，"善自善，我自我"，德善与我是无关的。

所以说"行"是高于"知"的。中国古代儒家圣贤素来以"力行"为重，以空言虚浮为耻。孔子曰："君子耻其言而过其行。"意思是说，君子以说得多做得少为耻辱。他主张"君子欲讷于言而敏于行"，即君子应少言多行，慎言勤行。这些都体现了中国古代有为之士对力行这一务实美德的重视，告诫今人，在道德修养上，最可贵的是切实躬行，不尚空谈，否则，修养就要落空。

由此看来，"知之匪艰，行之惟艰"的思想中关于"德"在于"行"

践行

相关链接：为学之实，固在践履，苟徒知而不行，诚与不学无异。——朱熹：《答曹元可》

的思想对于我们的道德修养和实践具有十分重要的现实意义，今人学习古代优秀的文化传统的关键还是在于能"力行"这些美德以感召后人。同时，"知之匪艰，行之惟艰"中躬行践履，事上磨炼的思想对于现代人培养实际能力，磨炼意志，造就健全人格，丰富生活阅历，树立良好的责任感和人生观，都会起有益的作用。

名家美文话格言

相关链接：耳闻之不如目见之，目见之不如足践之，足践之不如手辨之。——刘向

君子之学，贵乎行

君子①之学，贵乎行，行则得，得则有功。

——程颐：《易传》

> **注** ①君子：指有德行，受过一定教育的人。

•••• 释义 ••••

人们在学习方面，重要的在于实践运用，实践运用后就会有收获，有了收获，学习就有了作用意义。

"君子之学，贵乎行，行则得，得则有功"，这句警世格言强调的便是"行"，即实践，运用。这包含两层意思：一是要在实践中学习，积累经验知识，提高自身学习水平和认知水平；二是要在实践中发挥学习的作用，否则空负一身本领而无法施展，就会与无知无才的平庸之人没有区别。

从第一个方面讲"贵乎行"贵在实践运用。正如荀子所讲："吾尝终日而思，不如须臾之所学也。吾尝跂而望矣，不如登高之博见也。"这里强调，实践是认识的来源，只有通过实践，才能加深自己的学习。与古人常说的"行千里路，读万卷书"的道理是一样的。《论语·子罕篇》中载：太宰问于子贡曰："夫子圣者欤？何其多能也？"子贡曰："固天纵之将圣，又多能也。"子闻之，曰："太宰知我乎！吾少也贱，故多能鄙事。君子多乎哉？不多也。"说的是太宰问子贡，孔子为什么知道那么多东西。子贡说孔子是上天使他成为英才，所以知道很多知识，而孔子自己却说自己之所以懂得那么多是因为他年少时出生卑贱，干过许多粗陋的事情。从这就可以看出孔子也强调"行"，他说他的知识来源于"鄙事"即实践；从古至今，许多人都强调"行"，一句很流行的话：不唯书，不唯上，只唯实！道出的便是这"行"字。《荀子·劝学》中有"不积跬步，无以至千里；不积小流，无以成江海。骐骥一跃，不能十步，驽马十驾，功在不舍……蚓无爪牙之利，筋骨之强，上食埃土，下饮黄泉，用心一也"，这里说的不仅

名家美文话格言

相关链接：纸上得来终觉浅，绝知此事要躬行。——《陆游集·剑南诗稿》

有持之以恒的心态，还有勇于实践的精神。行则有所得，这也是学习的目的，也是"学"所要强调的结果。

从第二个方面讲就是要说"学以致用"，我们强调实践，强调的是学习的知识在实践中的运用。中国有句话："学得文武事，货卖帝王家"，说的便是学好了文学武学，便应该出仕，为国效力。这是学习的结果，也是儒家"达则兼济天下"的精神。从古至今有很多空负一身才华，却不得施展的人，如颜渊，孔子最得意的一个弟子，却英年早逝；如柳永，只因《鹤冲天》的一句"忍把浮名，换了浅斟低唱"便一生不得志，最终只当了个"屯田员外郎"。许多的人才遭受如此压抑，他们的人生便因此得不到完整；虽然历史记住了他们，但就"贵乎行"来说，不是他们的过错，而是他们的悲哀。也许他们梦想着"致君尧舜下，再使风俗淳"的宏愿，却因自己的知识、能力得不到施展，而化为一抹泡影，这是他们的悲哀所在。

践行

博学之，审问之，慎思之，明辨之，笃行之

博学之^①，审^②问之，慎思^③之，明辨^④之，笃^⑤行之。

——《礼记·中庸》

注 ①博学之："博学"，广泛地学习；"之"，第三人称代词，泛指动词"学"的对象；以下四句的"之"字，分别泛指动词"问""思""辨""行"的对象。
②审：详细，详尽。
③慎思：慎重地考虑。
④明辨：明确地分辨。
⑤笃：坚定，这里有"踏实"的意思。

●●● 释义 ●●●

广泛学习，详细询问，周密思考，明确辨别，切实实行。

培根说"知识就是力量"。知识是人类赖以生存的精神食粮，它可以启迪人的智能，转变人的观念，陶冶人的情操，塑造人的品格，焕发人的精神，鼓舞人的志气。

当今时代科学技术日新月异，知识信息爆炸性增长，新情况、新问题、新挑战、新机遇、新知识和新信息层出不穷，是不是善于学习直接关系到能不能将外在的知识内化为个人的素质，外化为个人的能力。那

名家美文话格言

相关链接：士虽有学，而行为本焉。——《墨子·修身》

么我们究竟该如何学习？回望古人的所作所为，或许会给我们有益的启迪。《礼记·中庸》云："博学之，审问之，慎思之，明辨之，笃行之。"《礼记》所说为学的五个方面都很重要，这里侧重讲"博学之，慎思之，笃行之"。

首先，要"博学之"。"博学之"意谓为学首先要广泛地猎取，培养充沛而旺盛的好奇心。好奇心丧失了，为学的欲望随之而消亡，博学遂为不可能之事。"博"还意味着博大和宽容。唯有博大和宽容，才能兼容并包，使为学具有世界眼光和开放胸襟，真正做到"海纳百川、有容乃大"，进而"泛爱众，而亲仁"。因此博学乃能成为为学的第一阶段。

北宋时，有位读书人专门模仿杜甫写了不少习作，但都不能令人感到满意。他向当时的著名文学家王安石请教说："杜甫的诗为什么那样精深神妙呢？"王安石说："杜甫诗中的'读书破万卷，下笔如有神'不是说得很清楚了吗？"那人恍然大悟。此后他刻苦读书，在写诗方面有了很大进步。

这则故事告诉我们必须通过勤奋学习，不断地为自己注入新知识、新文化、新观念的"活水"，才能达到"为有源头活水来"的境界。

其次，要"慎思之"。通过自己的思想活动来仔细考察、分析，否则所学不能为自己所用，是为"慎思"。古人云："学源于思，思则明，不思则误。"意思是说，学习的关键在于勤思考。知识要真正成为自己的东西，必须要在不断的学习过程中，通过理性思考获得。

读书贵能疑，疑乃可以启智。伟大的思想家、教育家孔子也说："学而不思则罔，思而不学则殆。"信息爆炸时代，我们更需要用明辨善择的眼光，对知识进行"去粗取精，去伪存真"的加工处理，通过理性的思索达到"由表及里，由此及彼"的更高认识。

再次，"学"的落脚点是要"笃行之"，学习的根本目的在于致用。既然学有所得，就要努力践履所学，使所学最终有所落实，做到"知行合一"。"笃"有忠贞不渝，踏踏实实，一心一意，坚持不懈之意。所以说"笃行之"，更主要强调的是一个人在做某件事时的意志力和控制力，它既是抵御外在世界的各种诱惑的重要条件，也是取得成功的保证。历史上那些成就了一番大事业的人，都是"笃行之"的榜样。

《史记》是我国历史上第一部百科全书式的纪传体通史，被鲁迅誉为

"史家之绝唱，无韵之离骚"，具有很高的学术价值。根据《史记》中的太史公自序和其他篇目记载，20岁那年，为了"网罗天下放失旧闻"，司马迁开始游历大江南北，广泛搜集史料。通过三四年的实地采访和考察，司马迁掌握了大量丰富生动的历史材料，印证了很多历史文献和传闻。在做地方官时，他自始至终坚持实地考察，收集材料，核实史料。在写作《史记》过程中，不论发生多大变故，司马迁都矢志不渝，毫不动摇。其中因为"李陵之祸"下过狱，受过腐刑之类的奇耻大辱，但他把个人的生死荣辱都放到了九霄云外，默默地以自己的血和泪撰写着《史记》。最后，在他年近60岁时，终于完成了《史记》，开我国古代社会"正史"研究之先河。

"纸上得来终觉浅，绝知此事要躬行"，人们只有在实践中才能学到真本领，知识也只有有效地运用到生活和实践中去，才会发挥其效用。

所以说，"博学而专攻、多积以精讲，笃行而不殆"，这才是应有的为学之道。

名家美文话格言

相关链接：徒讲而不行，则遇事终有眩惑。——王廷相

君子生非异也，
善假于物也

君子生①非异也，善假②于物也。
——《荀子·劝学》

注 ①生：通"性"。
②假：利用。

●●●● 释义 ●●●●

君子的本性跟一般人没什么不同，（只是君子）善于借助外物罢了。

"登高而招，臂非加长也，而见者远；顺风而呼，声非加疾也，而闻者彰。假舆马者，非利足也，而致千里；假舟楫者，非能水也，而绝江河。君子生非异也，善假于物也。"这是荀子《劝学》中的一段名句，它给我们的启示是：一个人的成功，往往要借用外力的帮助。不管他如何有才干、有魄力，如果想干出一番大事业，单凭个人的力量是远远不够的。一个成功者应该能够审时度势善于利用外物的力量，使自己走向成功。

在中国古代，许多身居高位者，或者不甘失去昔日威风，企图东山再起者，或者为了维护目前的地位，以期更进一步者，都善于利用一切有利于自己的因素。尤其在天下诸侯并立、相互纷争的时代，"善假于物"的本领显得尤为重要。有时如果稍不小心就可能会成"人为刀俎，我为鱼肉"

之势，而在此时若有些谋略，又容易脱颖而出，便会成为强者。在历史上吕后保住太子的故事可说是"善假于物"的典型范例。

汉高祖刘邦晚年宠爱戚夫人，总想废掉太子刘盈，立戚夫人所生的儿子赵王刘如意为太子。群臣多次谏诤，都不能使刘邦回心转意。皇后吕雉不知道该怎么办好，派人去向张良讨主意。自从刘邦平定天下建立西汉以后，张良就一直称病家居，不问政事。此时被吕后苦苦请求，只好说："依我之见，要想保住太子不废，只有请太子屈尊，去把商山四皓请下山来。"商山四皓是当时天下闻名的四位贤人，一位叫东园公，一位叫绮里季，一位叫夏黄公，一位叫角里先生。这四人从秦朝时就在商山隐居，不愿出山为官，只求与山林为伴，每日悠闲自在。因年老须发皓白，人们称他们为商山四皓。刘邦做皇帝以后，也很敬重这四人，很想请他们出来辅佐他治理天下，多次派人去请他们，委以高官厚禄，四人都婉言谢绝了。刘邦很失望，但更加敬重他们。吕后听了张良的主意，就让太子携带厚礼亲自入山去拜四皓为师，把四皓接到长安来。刘盈从小在乱世中长大，当了太子以后也并不自恃位高，而是谦恭有礼，温和淳厚，在商山四皓面前他更是有礼有节，谦逊有加，商山四皓为其诚挚所感动，跟他来到长安，并且逐渐喜欢上这位平易近人的太子。

刘邦病危时，决意要废太子而立赵王，张良去劝谏也没有说服他。张良回来告诉太子如此如此，太子依计而行，带上商山四皓去探视刘邦。刘邦见到太子身后跟着四位须发皆白的老人，就问他们是谁，太子说："儿臣知道父皇敬重商山四皓，特地请他们来拜望您。"刘邦听了非常吃惊，对商山四皓说："我多次请你们下山你们都没有答应，今天怎么会跟太子来了？"商山四皓说："太子为人仁厚好德，敬老爱幼，礼贤下士，这是天下的大福。我等不才，愿意辅佐太子，巩固大汉江山。"刘邦沉默不语。太子走后，刘邦叫来戚夫人说："我不能立赵王为太子了。现在太子深得天下人心，羽翼丰满，且礼贤下士，颇有人主之风，又得到商山四皓辅佐，定能治理好汉朝江山，这是刘氏之福天下之福，我也不能逆天而动啊。我死后，吕后就是你的主人了。"刘邦在卧榻上做了一首歌：鸿皓高飞，一举十里；羽翮已就，横绝四海。横绝四海，当可奈何？虽有缯缴，尚安所施！戚夫人听后痛哭流涕，却也无可奈何。

刘盈听从张良的计谋，依靠商山四皓的名望保住了太子地位。刘邦死后，刘盈继位为汉惠帝。

　　个人的力量是微弱的，甚至人类的力量也都是渺小的。所以荀子提出"君子生非异也，善假于物也"，要人们会合理利用身边的条件，通过优势互补，放大自己的力量，以合理的约束和舍弃换取更大的利益。历史上吕后的做法可以说为"君子生非异也，善假于物也"作了一个具体的注脚。

相关链接：他山之石，可以攻玉。——《诗经·小雅》

问渠哪得清如许，
为有源头活水来

问渠哪得清如许，为①有源头活水来。

——朱熹：《观书有感》

> **注** ①为：因为。

••• 释义 •••

要问渠水为什么这么清澈呢？是因为源头总有活水补充，一直不停地流下来。

朱熹在《观书有感》中写道："半亩方塘一鉴开，天光云影共徘徊。问渠哪得清如许，为有源头活水来。"

这首诗它实写的是明丽清新的一派田园风光，反复读上几遍，会觉得愈读愈有味道！你看，半亩的一块小水塘，在朱熹笔下展开的是一面镜子（一鉴开），起笔就恬静而幽雅得让人立时展开了想象的翅膀。第二句更引起读者遐想，这面"镜子"中映照着天上徘徊的云影，可想那清澈的水面多么静谧可爱了！作者在第三句提了个问题，这水为什么如此清澈呢？他高兴地自问自答，因为源头总有活水补充，一直不停地流下来。

这幅美丽的自然风光图卷，已经令人读后清新明快了，更让人拍案叫绝的是一看题目，是观书的感想，顿时这美的意境升华，与读书融合了。

原来，大学者朱熹在赞美读书有所领悟时，心灵中感知的畅快、清澈、活泼，以水塘和云影的映照畅叙出来了。他的心灵为何这样澄明呢？因为总有像活水一样的书中新知，在源源不断地给他补充啊！

朱熹的这首小诗，给我们诸多启示：多学习，多读一点好书，才是自己思想永远活泼、才思不绝的"源头活水"。

我们每个人诞生在这世界上，大家都有着同样的生命，经历同等的岁月。可是，当生命的旅程终止之时，每个人的收获却不一样。有的人一辈子过着浑浑噩噩的生活，空着手来到人间，又将空着手回到那遥远的地方；有些人则过着多彩多姿的日子，虽然空着手来到人间，却能满载而归。同样的生命，为什么会有不同的结果？那是因为有的人能利用其生命中的每一天，努力学习各种知识，充实了原本空无所有的形体；有些则不是。

一块本质好的玉石，须要经过一番的雕琢之后，才能成为精美的器物。而人为万物之灵，其本质岂不如没有生命的玉石？但是若不肯努力去学习，即使是天才，也将随草木同朽。

无可否认，学习的历程是漫长的，是痛苦的，需要脚踏实地，一步一步地向前走。途中或许还需要矫正各种错误的行为；同时还需要有坚强的信心及毅力，才能到达成功的彼岸。

西方有一位知名的大提琴家，当他被推举为当代最伟大的"天才"提琴家时，他却伤感地说："现在大家都说我是天才，可是我还未成为天才之前，每天要练习16个钟头的大提琴，奇怪的是当时怎么没人说我是天才？"由此可知，要学得一种知识技能，不是三两天就能完成的。用庄子的话说："吾生也有涯，而知也无涯。"学是永远没有尽头的，人要想知"道"，就要活到老，学到老。

晋平公作为一位国君，政绩不凡，学问也不错。他在70岁的时候，依然希望多读点书，多长点知识，总觉得自己所掌握的知识实在是太有限了。可是70岁的人再去学习，困难是很多的，因此，晋平公对自己的想法总还是不自信，于是他去询问当时双目失明而又博学多智的师旷。

师旷回答说："我听说，人在少年时代好学，就如同获得了早晨温暖的阳光一样，那太阳越照越亮，时间也久长。人在壮年的时候好学，就好比获得了中午明亮的阳光一样，虽然中午的太阳已走了一半了，可它的力量还很强、时间也还有许多。人到老年的时候好学，虽然好像到了日暮时分，没有了阳光，可他还可以借助蜡烛啊。蜡烛的光亮虽然不怎么明亮，也很有限，但也总比在黑暗中摸索要好多了吧？"

晋平公恍然大悟，高兴地说："你说得太好了，我有信心了。"《礼记》上说："玉不琢，不成器；人不学，不知道。"然而，玉石作为一种东西，有比较稳固的特性，即使不能为器物，也不失为玉；可是对人而言就不同了，"人不学习，就不能懂得道理"，就不能懂得大自然的规律、做人的道理，就不可能有相应的学问、思想、道德。因为人的思想性格，会随着外界事物的影响而发生变化。

人性是可以改变的，是会受外界事物的影响而发生变化的，其中学习起着重大作用。所以说，人只有学习才能知"道"，唯有"学"，才有"知"的"源头活水"。

相关链接：百闻不如一见。——班固：《汉书·赵充国传》

实事求是

修^①学好古，实事求^②是。

——班固：《汉书·河间献王传》

注 ①修：研究。
②求：探求。

●●●● 释义 ●●●●

爱好古代文化，对古代文化的研究十分认真，在掌握充分的事实根据以后，才从中求得正确可靠的结论来。

"实事求是"最初出自《汉书·河间献王传》，原文是"修学好古，实事求是"，本意是指和实际情况相吻合。刘德是汉景帝刘启的十四个儿子中的一个。封在河间（今河北河间县一带）为河间王，死后谥献，所以称"河间献王"。他一生酷爱藏书，曾从民间收集了很多先秦时期的旧书，并且整理得整整齐齐。他脚踏实地，刻苦钻研，使很多读书人深为赞叹，都愿意和他一起进行研究。刘德收藏古籍，有不少是出了高价收买来的，因为自从秦始皇焚书后，古文书籍比较少见。他不仅收藏古旧书，而且进行认真的研究整理。因此，东汉史学家班固在编撰《汉书》时，替刘德立了"传"，并在"传"的开头对刘德的好学精神作了高度评价，赞扬刘德"修学好古，实事求是"。意思是说，刘德爱好古代文化，对古代文化的研究十分认真，总是在掌握充分的事实根据以后，才从中求得正确可靠的结论来。

毛泽东在《改造我们的学习》中对实事求是进行了唯物主义的解释："实事"就是客观存在着的事物，"是"就是规律，"求"就是去探索、去认识。这样，实事求是就包括两个层面的含义：

一、事物是客观存在的，并且有自身的规律。

二、这些规律是可以被人认识的，认识的任务就是去探索这些规律，并且按客观规律办事。

所以说，"实事求是"既是一个认识过程，也是一个实践过程。体现的是求真务实的科学精神。理论研究只有按照实事求是的原则，深入实际调查，从实际出发，才能把握事物的本质和规律，才能形成符合客观对象的理论知识。通过实事求是的调查，最后形成客观的认识和真理，历史上有许多这样的事例。

为了全面准确掌握农民运动的基本情况，纠正党内对农民运动的错误看法，1927年，毛泽东实地考察了湘潭、湘乡、衡阳、醴陵、长沙五县的农民运动，广泛接触各阶层的人们，听取各地群众团体与地方组织汇报，了解当地农民运动的情况，最后在此基础上写成了《湖南农民运动考察报告》。这个报告是毛泽东此次湖南之行的理论总结，是党指导农民运动的重要文献。

著名社会人类学家费孝通的成名之作《江村经济》就是在实事求是的对20世纪30年代苏南开弦弓村的经济、社会、人文等各方面深入调查的基础上写成的。该书成为当时世界了解中国农村发展变迁的窗口，被誉为"人类学实地调查和理论工作发展中的一个里程碑"。随着我国社会主义建设特别是改革开放的不断推进，江村也发生了很大变化，费孝通又先后三次深入江村实地调查，写出了大量关于中国农业和农村方面的重要论文，不仅在学术上取得了很高的成就，而且为解决我国社会的"三农"问题提供了理论支持。

在日常工作和生活中应该主要从以下三个方面做到实事求是：

一、深入调查，掌握第一手的资料。实事求是强调的是事物按自身规律客观存在着，人可以在实践的基础上认识这些规律；而要想正确认识这些规律，就必须深入实践，认真调查。

二、博览群书，系统深入地理解各种史料。书籍，特别是那些经典之作是前人反复实践和理论思维的结果，是对当时历史条件下的自然社会和人类自身规律的准确把握，因而绝大多数书籍尤其是经典，在现阶段仍然具有重要意义，博古才能通今，才能进行学术研究；做学问要处理好传承与创新的辩证关系问题，但根本的是首先要继承，要扎根于浩瀚书海之中，尤其是各种学科名著。只有这样才能获取更加全面的知识，不断提高自己的理论思维能力，创新才有可能。这是科学研究中最关键的一环。

三、认真探求，小心求证。实事求是最重要的是"求"，因此，要解放思想，发挥人的主观能动性，只有这样，才不会在前人的知识面前无所适从。在经过深入调查和获得了全面的资料后，不能被各种表面现象所迷惑，更不能囿于史料中，迷信权威，故步自封。要充分发挥自己的思维能力和想象力，提出新的观点，并根据调查和学习获得的材料，严密论证，一步步形成新的结论。

践行

相关链接：褒其可褒，而贬其可贬。——韩愈：《答李翊书》

名家美文话格言

相关链接：夫尺有所短，寸有所长，物有所不足。智有所不明，数有所不逮，神有所不通。——屈原：《卜居》

虽有至知，万人谋之

知①有所困，神有所不及也。虽有至知②，万人谋③之。

——《庄子·杂篇·外物二十六》

注 ①知：通"智"，智能。
②至知：最高的智能。
③谋：谋划。

●●●● 释义 ●●●●

智能也有穷困的时候，神也有不灵的地方。虽然有最高的智能，也要上万人谋划它。

人的智力有穷尽，思虑有达不到的地方，纵然有极高的智能，也需要众人来一起谋划。万事万物皆有其极限、缺陷，没有十全十美的，因此人都要谦虚，取人之长补己之短才能不断进步。全知全能的人在现实世界中是不存在的，因此集思广益是十分必要的，"柴多火焰高，人多力量大"。刚愎自用的人终会因其自身的不足而垮台，万物皆以其致命弱点而失败。

《战国策》说，齐威王的相国邹忌身高八尺多，容貌很漂亮。一天早晨，他穿好衣服，戴上帽子，照着镜子对他的妻子说："我和城北徐公比，哪个漂亮？"他的妻子说："您漂亮得很，徐公哪里比得上您呢？"

城北徐公是齐国的美男子，邹忌不相信自己比徐公美，又问他的妾说："我与徐公哪个漂亮？"妾说："徐公哪里比得上您呢？"第二天有一个客人从外地来，邹忌和他坐着谈话，问客人说："我与徐公哪个漂亮？"客人说："徐公不如您漂亮。"又过了一天，徐公来到邹忌家里，邹忌仔细端详他，认为自己不如徐公漂亮，照着镜子看自己，更觉得远不如徐公美。晚上他睡在床上思考这件事，终于悟出一番道理："我的妻子说我漂亮，是对我偏爱；我的妾说我漂亮，是对我畏惧；客人说我漂亮，是有事想求我帮忙。"于是他进朝廷去拜见威王，说："我知道自己确实没有徐公漂亮，而我的妻子偏爱我，我的妾畏惧我，我的客人有事想求助于我，都说我长得比徐公漂亮。现在齐国的国土方圆1000里，城市有120座，宫廷里的后

妃和身边的随从人员没有哪个不偏爱您，朝廷里的臣子没有哪个不惧怕您，全国的人没有哪个不有求于您，如此看来，您受蒙蔽很厉害啊！"威王说："您说得好！"威王于是下令："文武百官和百姓，能够当面指出我的过失的受上等奖赏；能够上奏章向我进谏的，受中等奖赏；能够在街市和朝廷议论我的过失，传到我的耳中的，受下等奖赏。"这个命令刚刚下达，许多臣子都来进谏，齐王的宫殿门前就像闹市一样；几个月后不定时的间或有人来进谏；一年之后，虽然有人想来进谏，也没有什么意见可提了。燕国、赵国、韩国、魏国了解到这种情况，都到齐国来朝见齐王，这就在朝廷上战胜了外国。

邹忌讽齐王纳谏的故事告诉我们：人的最大缺点就是缺乏自知之明，不能正确地审视自己，看不到自己的弱点、缺点和不足，因而也没有克服自己缺点、战胜自己弱点的勇气。不能正确审视自己缺点的人也不能正确审视自己的长处，因而也不能自用其长。所以智者应善于利用"万人谋之"的智能，这才是"至知"所在。

名家美文话格言

相关链接：知人者智，自知者明。——《道德经》

行成于思

业①精②于勤③，荒于嬉④；行成于思，毁于随⑤。

——韩愈：《进学解》

注
①业：学业。
②精：精通。
③勤：勤奋。
④嬉：嬉戏。
⑤随：随心所欲。

---- 释义 ----

事业精良的原因是勤学，事业荒废的原因是只知游玩嬉戏；行为是通过认真思考后形成的，毁坏于随心所欲，不认真对待。

"行成于思"这四个字出自唐代文学家韩愈《进学解》，全句是："业精于勤，荒于嬉；行成于思，毁于随。"意思是说：学业的精进在于勤奋，而嬉戏玩乐将使其荒废；做事的成功在于深思熟虑，而败毁在随意妄为。下面我们就谈谈对"行成于思"的理解。"行成于思"，是指行为的成功与否取决于思考的程度。

古语说"思索以通之"，只有经过缜密思考的行为才符合事物发展的规律，才能使事物朝正确的方向发展，最终走向成功——这便是成。若凡事不深入思考，随性而动，事无以成——便是毁。此理贯于古今，概莫能外，正如牛顿告诉世人：我做事成功并没有什么办法，只是对一件事情做长时间热情的思考罢了。

"行成于思"说起来容易，可是思考毕竟还是一件繁杂的工作。究竟该如何做到考虑周到呢？

第一，思考是做事成功的基础和前提，也就是说，无论做什么事都要先思考，再付之于行动。

古语常这样教导我们"凡事预则立，不预则废"，"未雨绸缪"，"三思而后行"说的都是同样的道理，做事要提前思考，只有思考之后的行动，才有取得成功的可能性。因为只有思，才能科学决策、制定目标，之后才能有计划、有步骤、有目的地做事。思考，是行事成功的第一步，

名家美文话格言

相关链接：博学而笃志，切问而近思。——《论语·子张》

是行事成功的关键所在。

第二，思考不仅是成功的源头，而且在实施目标的全程中起着防患于未然的作用。

我们知道，做事要取得成功需要经历这样的阶段：对事物的感知—经大脑加工整理上升为理性认识—付诸实践—思考不足—再实践，如此反复循环取得最终成功，整个过程的结果是成功，其源头起决定性作用的是思考。宋代朱熹说过"未有这事儿，先有这理"，追其本，溯其源，结论是"行成于思"。相反，不经过认真思考的行为，其结果往往是以失败而告终。

拿破仑进攻俄国，他的军队可谓火力强劲，战无不胜，但对俄一战，却让他威风扫地一蹶不振。他最大的问题就是缺乏气候条件对于一场战争影响的思考，恶劣的环境拖垮了他的 60 万大军。当拿破仑进入莫斯科空城之后，他的那些疲惫不堪饥饿寒冷的军队却像进入了天堂一样。现在有研究者发现，死在这场战事中的士兵，很多竟是因为吃下过多"食物"，也就是——由寒冷饥饿引起的过度纵欲导致的死亡。战争几乎还没开始，敌人几乎不废一兵一卒就宣告了伟大的拿破仑的失败。

第三，要用"思"来指导我们的"行"。

马克思主义哲学认为，意识的能动性不仅在于人们从实践中获得理论，更重要的是，以这些理论为指导，取得最终意义上的成功。

诸葛亮因其谋略过人，一生战功无数；瓦特的思考，于是有了蒸汽机，从而造就了一场工业革命；爱因斯坦的思考，开创了原子能的新时代；马克思的思考，迎来了人类历史的新纪元。综观时代发展，工作生活中的发明创造，无不是思考的结晶。

当然，我们不能否认行为的重要性，就好像大脑的指令要由四肢来执行一样，行为四肢只是被支配者，不可或缺，但不主要，否则我们就称四肢是身体的"司令部"了。

综上所述，"行成于思"是至理名言。一个人，有了思考才能理智做事，手到擒来，取得成功；一个企业，有了正确的思考才能更好地建设与发展；一个国家，有了正确的指导思想才能一步步走向繁荣，走向强大。不经考虑由本能驱使的是动物，考虑而不完善的是失败者，考虑而近完善的才是成功者。为此我们必须谨记"行成于思"，唯有多思多虑，我们才能不断走向成功。

相关链接：操千曲而后晓声，观千剑而后识器。——刘勰：《文心雕龙·知音》

行之愈笃，则知之益明

知之愈明①，则行之愈笃②；行之愈笃，则知之益明。

——朱熹：《朱子语类·卷十四》

> **注** ①明：明白。
> ②笃：扎实。

••• **释文** •••

理解得越清楚，实践就越扎实；实践越扎实，认识就会更加清晰。

朱熹的这句话说明了认识与实践的关系。知行并行，相资为用，认识到知与行是相互促进的辩证关系。也就是说认识与实践是相互依赖、相互促进的两个方面。认识是实践的前提和向导，反过来实践又会进一步促进认识的深入发展。只有将两方面结合起来才会使自己的认识更加接近真理。

首先，知之愈明，则行之愈笃。春秋时代，秦国有个人名叫孙阳，后人称他伯乐。在神话传说中，伯乐是天上星宿的名称，负责管理天宫的马匹。因为孙阳善于识别马匹的优劣，所以人们就称他为伯乐。据说，伯乐有一天路过一个地方，看到一头拉着盐车的马望着他叫个不停；他走到马跟前一看，原来这是一匹千里马。伯乐看见千里马拉着盐车慢吞吞地走着，觉得实在委屈了这匹马，不禁伤心地哭了起来。千里马见伯乐果然了解它，也低下头来吐白沫，又仰起头来狂叫，声音非常悲壮，表现出十分难过而又高兴的样子。后来，伯乐把自己识别马的经验和知识，写成了一本书，并在书上画了各种好马的形态。此后，他的儿子拿着这本书到处去找好马，满以为按照书上画的样子，一定能够找到千里马了，可是找回来的却都是劣马。

在这个故事里，伯乐因为有从实践中得来的正确的"知"，所以他找到了千里马；相反，他的儿子虽然也有知，因为他没有行的经验，生搬硬套别人的东西，不能具体问题具体对待，所以他找到的都是劣马。

其次，行之愈笃，则知之益明。古今中外，一切有成就的政治家、军事家、思想家、科学家，都是十分重视实践，又勤于实践，把知和行紧密地结合起来的。

名家美文话格言

相关链接：及之而后知，履之而后艰。——魏源

李时珍在着手编写《本草纲目》的时候，已经有了十几年的临床经验，进行过许多实地考察，做过不少实验，甚至自己吞服一些药物，亲自体验这些药物的作用。他还下过煤窑，到过炼铅炼汞的作坊，研究工人的中毒现象和职业性疾病等等。但是，他并不满足，仍然感到自己的直接经验太少。于是，在年近半百的时候，他又别离了家人，带着徒弟庞宪和儿子建元，穿上草鞋，背起药筐，拿起药锄，带上医书和笔记本，走出家门，到实践中增加自己的知识和能力去了。

他们以自己的家乡湖北蕲州为起点，历尽风霜，长途跋涉，先后到了江西、江苏、安徽等地。几年之间，他们的足迹遍及大江南北。正是由于李时珍有丰富的直接经验，所以，他纠正了前人不少错误的地方，增加了许多新的知识，并且完成了《本草纲目》这部医学巨著，为世界医学作出了重大贡献。

不仅如此，李时珍也非常重视间接经验。他不仅从他祖父、父亲那里学习了许多医药知识，而且刻苦读书。据说，与医药有关的书籍他几乎读遍了，足有八百多种，光是摘下来的笔记就装满了好几个柜子。

因此，知要与行相结合，才能正确地理解和认识事物。就人类认识总体讲，任何认识都来源于实践。"知"不是认识的"源"，而是认识的"流"。同时，要真正掌握"知"，把书本知识变为自己的知识，丰富和发展"知"，还是要通过实践，通过"行"来完成。

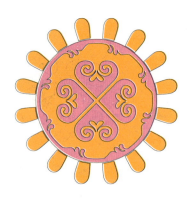

学而不行，可无忧与

相关链接：学，行之，上也；言之，次也；教之，又其次也。——《扬子法言·学行》

子曰："君子有三忧，弗①知②可无忧与；知而不学，可无忧与；学而不行，可无忧与？"

——韩婴：《韩诗外传·卷一》

> **注** ①弗：不。
> ②知：知道做人的道理。

••••• 释义 •••••

孔子说："君子有三种忧虑。不懂做人的道理，能不忧虑吗？知道却不去学习，能不忧虑吗？学了却无法身体力行，能不忧虑吗？"

行是知的目的。我们求知的最终目的在于运用所知所学。求知的过程本身就是行。任何认识不经过力行都是流于空泛的。孔子说过："学而不行，可无忧与？"只学习不实践是学习中的最大忧患。所以，他在《学而》中进一步强调"学而时习之"。学习的最终目的是行、是用、是实践。

知是行的基础。行是在学习的基础上获得理论知识，并以此指导制订计划，明确目标，按照切实可行的方法加以实施才可以取得成功。所以，任何行必须以知为基础，知的水平不同，必然直接影响一个人行的过程和结果。践行需要知识的指导，无知的行为不是人类的行为。

行是对知的检验。首先，行是检验和补充知之不足的有效途径，单纯的学习并不能发现自己知识体系的不足，不能发现知识漏洞。只有通过实践才能发现理论与实践的差距，发现自己知识的缺陷，才能进一步促进自己的学习，弥补自己知识的不足之处，使自己的学习更有的放矢，起到事半功倍的效果。其次，行是检验知之真假的最终标准。知应受行的检验，行体现出知的效果。只有在力行的时候，才能了解理论与实践的差距，不断修正自己的想法，使认识更准确地反映现实。古人强调知行合一，重在力行。要求人们要理论联系实际，学以致用。求学本身就是行，在求学中修养自己的德行。正如《宪问》中讲到的那样，"君子强学而力行"。知行结合可以有效地防止治学过程中脱离实际。

在现代社会条件下，科学技术虽然有了巨大的进步，人们的知识水平和认知能力有了巨大的提高，但知行问题依然是摆在人们面前的一个不容忽视的问题。

随着科学技术的迅猛发展，人类在理论地解释世界和实践地改造世界方面，都在向前所未有的广度和深度拓展，科技的进步有力地推动着经济和社会的进步与发展。但在另一方面，它也带来了一系列出人意料的严重的社会问题，比如自然资源的巨大消耗，使工业生产的资源和原料极为紧张；大工业特别是化学工业和核工业，对空气、土壤和水源的污染空前加剧；对海洋生物和森林植被的狂捕滥伐，使生态环境遭到毁灭性破坏；人口数量急剧地膨胀，沙漠化和干旱地区急剧扩大，耕地日益减少，沙尘暴频繁发生。所有这一切，不仅严重地阻碍着社会的发展，而且直接威胁着人类的生存。同时，也表明科技的发展不只是带来积极的社会后果，也随之产生负面的社会效应或价值。

充分认识科技发展的社会意义，全面考察科技发展的社会后果，找出消除其负面影响的方法、措施，解决好由行而知，由知而行的知行关系问题，必将促进社会的进步和科技的健康发展。

当前，知行脱节依然是社会十分普遍的社会问题，知而不行，行而不知，重知轻行，重行轻知等现象是大量存在的。知行脱节的表现形式虽然很多，但概括起来不外乎有以下两种情况：一种是知而不行；另一种是行而不知。在国际国内的交往活动中要想取得言行一致，核心和关键是行、是实践，说得再多、再好，若不实践，也等于没说。针对目前科技发展所带来的负效应，我们仅有"知"是远远不够的，更为关键的是要有实际的行动来避免科技负效应给我们人类带来的影响，切实保护好我们赖以生存的自然环境，保护好我们人类共有的家园——地球。

所以，孔子说："学而不行，可无忧与？"荀子也说："闻之不若见之，见之不若知之，知之不若行之"，强调在闻、见、知、行中"行"最重要。个人只有投身于实践当中才能获得道德认识，培养道德情感，形成道德信念，指导道德行为，才能根据实践结果"自我反省"，对照检查找出自身道德人格的缺陷，践行高尚的道德人格。

相关链接：知之为知之，不知为不知，是知也。——《论语·为政》

知不知，上；不知知，病

知不知①，上②；不知知③，病④。

——《老子·七十一章》

> **注**
> ①知不知：知道自己有所不知。
> ②上：上乘，高明。
> ③不知知：不知却误以为已知。
> ④病：谬误、弊病、祸患。

●●●● 释义 ●●●●

知道自己还有所不知，这是很高明的；不知道却自以为知道，这就是很糟糕的。

"知不知，上"是说知道而不自以为知道，最好。这知不知，就是说人要明白人之所知极其有限，不可能全知一切；人生天地人世间，有时仰不知天，俯不知地，外难知他人，内不识自我。所以老子说只有知道自己有所不知，才能知不知而后知，才能不断地在求知领域中开拓前进。老子认为，如能做到这点，也就是最好的。"不知知，病"是说不知道而自以为知道，这就是病。如不知而自以为知，只看到事物的表象就认为洞察了事物的真谛，一知半解却认为全知，这样的认识态度就不正确，老子认为这是一种病，所以也无法取得真知识，有时还会引出祸害来。

诸葛亮平定南中之后，经过了两年准备，于公元227年冬天带领大军驻守汉中。因为汉中接近魏、蜀的边界，在那里可以随时找机会进攻魏国。

蜀军经过诸葛亮几年严格训练，阵容整齐，号令严明，士气十分旺盛。自从刘备死后，蜀汉多年没有动静，魏国毫无防备，这次蜀军突然袭击祁山，守在祁山的魏军抵挡不了，纷纷败退。蜀军乘胜进军，祁山北面天水、南安、安定三个郡的守将都背叛魏国，派人向诸葛亮求降。那时，魏文帝曹丕已经病死。魏国朝廷文武官员听到蜀汉大举进攻，都惊慌失措。刚刚即位的魏明帝还比较镇静，立刻派五万人马赶到祁山去抵抗，还亲自到长安去督战。诸葛亮到了祁山，决定派出一支人马去占领街亭（今甘肃庄浪东南）作为据点。让谁来带领这支人马呢？当时他身边还有几个身经百战的老将。可是他都没有用，单单看中了参军马谡。

马谡这个人的确是读了不少兵书，平时很喜欢谈论军事。诸葛亮跟他谈论起打仗的事来，他就谈个没完，也出过一些好主意，因此诸葛亮很信任他。刘备在世的时候，看出马谡不大踏实。他在生前特地叮嘱诸葛亮说：马谡这个人言过其实，不能派他干大事，还得好好考察一下。但是诸葛亮没有把这番话放在心上。这一回，他派马谡当先锋，王平做副将。

马谡和王平带领人马到了街亭，马谡看了地形，对王平说："这一带地形险要，街亭旁边有座山，正好在山上扎营，布置埋伏。"王平提醒他说："丞相临走的时候嘱咐过要坚守城池，稳扎营垒。在山上扎营太冒险。"马谡没有打仗的经验，仰仗熟读兵书，根本不听王平的劝告，坚持要在山上扎营。王平一再劝说马谡也没有用，只好央求马谡拨给他一千人马，在山下临近的地方驻扎。

张苞率领魏军赶到街亭，看到马谡放弃现成的城池不守，却把人马驻扎在山上，暗暗高兴，马上吩咐手下将士，在山下筑好营垒，把马谡扎营的那座山围困起来。魏军切断了山上的水源。蜀军在山上断了水，连饭都做不成，时间一长自己先乱了起来。张苞看准时机，发起总攻。蜀军兵士纷纷逃散，马谡要拦也拦不了，最后，只好自己杀出重围，往西逃跑。街亭失守，蜀军失去重要据点，又丧失了不少人马。诸葛亮回到汉中，经过详细查问，知道街亭失守完全是由于马谡违反了他的作战部署，马谡也承认了他的过错。诸葛亮按照军法，把马谡投下监狱，定了死罪。

马谡失街亭就是犯了"不知知"的错误。他自以为熟读兵书，就通晓

083

了打仗的道理，他没有意识到自己认识的局限，凭借自己的错误认识去用兵，所以，失败的命运是不可避免的。由此可以看出，在认知事物的过程中，只有正视这种病，看到这种病，才不至于犯这种病。也就是说，只有知道人容易不知而自以为知的毛病，才不至于不懂装懂，也才会在认识领域中不断丰富自我。无疑，老子提倡的是一种优良的学习态度，提倡虚心，反对自满，在当今仍具有重要的警世鉴戒意义。

名家美文话格言

相关链接：恃国家之大，矜民人之众，欲见威于敌者，谓之骄兵。——《汉书·魏相传》

知者，行之始；行者，知之成

知者，行之始①；行者，知之成②。

——王阳明：《传习录卷上》

相关链接：行之明觉精察处便是知，知之真切笃实处便是行。——王阳明：《传习录卷中·答顾东挢书》

注
①始：开始。
②成：成果。

释义

知道是行动的开始，行动是知道的成果。

知与行是儒家道德实践的一对重要范畴。在儒家哲学中，知行问题所讨论的是道德知识与道德实践的关系问题。人们常常提及王阳明的"知是行之始，行是知之成"这一名言，意思是说人的思想观念要领先行为实践，而行为实践是思想观念的实现、完成。

首先，知是行之始。人总是在一定的"知"的指导下行动的。只有以正确的"知"为指导，"行"才能取得成效。这里讲的"知"应是符合实际、符合规律的"真知"，不是夸夸其谈的教条。夸夸其谈的教条，只会误导行动，害人害己。在这个问题上，赵括的纸上谈兵就给我们留下了深刻的教训。

众所周知，赵括是赵国名将赵奢的儿子，从小爱学兵法，谈起用兵的道理来头头是道，据说，有时就连他父亲赵奢也辩论不过他。

公元前 261 年，秦国派兵攻打赵国从韩国接收过来的上党，上党危急。赵国派遣大将廉颇带兵抗击秦军，秦、赵两国的军队在长平对阵了好几年，秦军没有占到多少便宜。秦国知道廉颇不好对付，就使出了反间计，派人到赵国散布流言说："秦军最怕的人是大将赵奢的儿子赵括。"赵王中了秦国的离间计，就召见赵括，问赵括能不能打退秦军。赵括说："要是秦国派白起来，我还得考虑对付一下。如今来的是王龁，他不过是廉颇的对手。要是换上我，打败他不在话下。"赵王听了很高兴，

名家美文话格言

相关链接：真知即所以为行，不行不足谓之知。——顾东桥：《答人论学书》

就拜赵括为大将，去接替廉颇。

公元前 260 年，赵括统率着 40 万大军，前去迎战秦军，秦军那边得到赵括替换廉颇的消息，就秘密派白起为上将军，去指挥秦军。白起一到长平，布置好埋伏，故意打了几场败仗。赵括不知是计，拼命追赶。白起把赵军引到预先埋伏好的地区，将其重重围住。赵括的军队，内无粮草，外无救兵，守了 40 多天，赵括带兵想冲出重围，秦军万箭齐发，把赵括射死了。赵军听到主将被杀，也纷纷扔了武器投降。40 万赵军，就在纸上谈兵的主帅赵括手里全军覆没了。

赵括长平之战的失败，说明赵括对兵书、兵法只是知道、了解，对战场的实际变化、对战争的规律并没有达到"真知"，以这样的教条来指导 40 万军队作战，失败的命运是不可避免的。

"知者行之始，行者知之成"，以知为指导的行才能行之有效，脱离知的行则是盲动。同样，以行验证的知才是真知灼见，脱离行的知则是空知。因此，知行统一要注重实践：一是要善于在实践中学习，边实践、边学习、边积累。二是躬行实践，即把学习得来的知识，用在实际工作中，解决实际问题。

相关链接：学者贵于行之，而不贵于知之。——司马光：《答孔文仲司户书》

知者不言，言者不知

知者①不言，言者②不知。

——《老子·五十六章》

> 注　①知者：知"道"的人。
> 　　②言者：说出"道"的人。

释义

知道的人不言说，言说的人不知道。

老子说："知道的不说，说的不知道，堵住嘴巴，闭上耳目，磨损锋芒，消解纠纷，收敛光辉，混同尘垢，便进入玄妙齐同的境界。"老子在这里主要是说，永恒、无限、绝对的本体之"道"，是不能通过形而下的、经验界的感性认识方法去把握和表述的，因为感觉、语言都是暂时的、有限的、相对的东西，能言说的能感觉的是实证科学的事情，不足以把握和表述"道"。"道"是形而上的，本体只可意会，不可言说，只能用悟性来体悟，用直觉来冥通。所以知"道"的人不说，他也说不出来；说的人不知"道"，他还没进入"道"境。

"知者不言，言者不知。"任何一个人，在学习、工作和求道过程中，都要脚踏实地，步步深入，不断跃上新层次，活到老，学到老；不要浅尝辄止，只限于书本理论，要理论联系实际，在实践中进步；不要自满自夸，故步自封。

《庄子·知北游》讲了很多关于"道"的故事。其一是说，一个叫知的人向北游历到玄水的岸上，攀登隐的丘陵，正巧碰到了无为谓，知对无为谓说："我想请教几个问题，如何思索、如何考虑才能懂得'道'？如何居处、如何行动才能掌握道？由什么途径、用什么方法才能获得道？"问了三个问题，无为谓都不回答，不是不回答，而是不知道怎样回答。

知没有得到回答，返回白水的南面，登上狐阕这座山丘，看到了狂屈，知又问他上述的问题，狂屈说："哎，我知道的道理，将要告诉你，可是心中想说，却又忘掉了要说的话。"

知没有得到回答，返回帝宫拜见黄帝，向他请教。黄帝说："无思无虑才知晓道，无居无行才掌握道，无径无法才获得道。"知问黄帝说："我和您明白这些道理，无为谓和狂屈都不明白，那么谁对呢？"黄帝说："那

相关链接：善者不辩，辩者不善。——《老子·八十一章》

无为谓是真正的对，狂屈接近于对，我和你终究差得远哩。懂得道的不乱说，乱说的不懂得道，所以圣人推行'不说话的教导'。"知对黄帝说："我问无为谓，无为谓不回答，不是不回答，而是不知道回答我。我问狂屈，他心想告诉我而没有告诉我，不是不告诉我，而是心想告诉却又忘记了。现在我问您，您是懂得道的，为什么您的话和道不相近呢？"黄帝说："那个无为谓是真正的对，因为他不懂得道，这个狂屈接近于对，因为他忘了道，我和你终究差远了，因为都想强用言语来表示无限的道。"这个故事便是很好的说明：不言是知"道"的表现，言之实不知"道"也。知一开口便问了三个认识论的问题，是实证的表述，离体道悟道差了十万八千里。无为谓就是"没有必要回答"或"不言"的意思，知者不言，无为谓是真正进入了道境的真人；狂屈忘言，也接近于道了；只有世俗帝王的黄帝对知言之凿凿，正是没有悟道。

那么，知道的不说，说的又不知道，世人又怎样了解"道"呢？

齐桓公在宫殿里读书，轮扁在宫殿前制作车轮，忽然他放下椎凿，走到殿上来，问齐桓公："请问，您读的书是谁的言论？"齐桓公说："这是圣人的言论。"轮扁又说："圣人还在吗？"桓公说："已经死了。"轮扁说："那么您所读的，是古人的糟粕而已！"桓公说："寡人读书，你做车轮的怎么能胡说一通！说出道理还可以，说不出来就要你的脑袋。"轮扁道："这是用我从事的职务类比观察而得出的结论。做车轮，慢慢地砍，做成的车轮松滑而不牢固；急速地砍，就涩滞而安不进去；不慢不快，得心应手，虽然说不明白，但制车的奥妙存在于操作之中。我不能把手艺告诉给儿子，我儿子也不能继承什么，所以我70岁还在斫轮。古代的人和他们不能传授的道理，都已经消失了，那么您所读的，就是古人的糟粕而已！"

以上的故事告诉我们，书上写的只是些一般的基本的理论，至于"道"的高超境界不可言传，只有经过长期的实践，才能达到那种心手两畅、高度默契的境界，而这种最高境界是只能意会的，父子之间也不能传授。读书只是一方面，更重要的另一方面是实践，实践出真知。荀子说："不闻不若闻之，闻之不若见之，见之不若知之，知之不若行之，学至于行之而止矣"，就是说的这个道理。

学至于行而止矣

学至于行^①而止^②矣。行之，明^③也，明之为圣人。

——《荀子·儒效》

> **注**　①行：实践。
> ②止：停止。
> ③明：明白。

相关链接：论先后，知为先；论轻重，行为重。——朱熹，《朱子语类》

●●●● 释义 ●●●●

　　学习到了亲自实践这一步才达到极高的境地。亲自去实践，就能明白事理，弄清了事理就成了圣人。

　　中国历代思想家在构筑起一个庞大的伦理道德理论体系的同时，皆坚持知行统一的观点，强调道德实践的重要意义。荀子说："知之不若行之，学至于行之而止矣。行之，明也；明之为圣人。圣人也者，本仁义，当是非，齐言行，不失毫厘，无他道焉，已乎行之矣。故闻之而不见，虽博必谬；见之而不知，虽识必妄；知之而不行，虽敦必困。"他这里所强调的"知"的真正价值就在于"行"。

　　然而，人类社会是极其复杂的，在权势、金钱、女色等各种诱惑之下，不少人虽有道德的认知，却无道德的实践，故在中国历史上"满口仁义道德，满腹男盗女娼"的也不乏其人。如汉代以来，社会上流行以传统伦理道德品评人物的风气，不少行为卑鄙的小人，却"饰伪以邀誉，钓奇以惊俗"，极力将自己伪装成具有孝义高行的名士，借以谋取高官厚禄。东汉的黄允"以俊才知名"，后因司徒袁隗想将侄女嫁给他，竟欲将原配之妻赶出家门。其妻见他如此绝情，遂大集宾客，"攘袂数允隐匿秽恶十五事"，黄允自此身败名裂。同时的赵宣为显示其"至孝"，尊亲去世安葬后，竟然入居墓道之中，摒弃声色，服丧二十多年。因此，乡邻盛赞其孝，多次向官府举荐。

名家美文话格言

相关链接：真知即所以为行，不行不足谓之知，此为学者吃紧立教，俾务躬行则可。——王阳明：《传习录》

后来才知道，赵宣的五个儿子都是在墓道中生的。北朝时，还有人为显现其"孝悌"之行，居丧时竟然"以巴豆涂脸，遂使成疮，表哭泣之过"。这些假仁假义、假孝假廉的"伪君子"显然对伦理道德的准则研究得很深，捉摸得很透，但他们的"知"并不是为了"行"，只是用作沽名钓誉、谋取利禄的手段，因此，他们的行为更可恶，对社会风气的败坏更严重。

　　知行背离导致道德沦丧的诸多事例，不仅从反面说明了道德实践的重要性，而且也使人们认识到，"行"往往较"知"更为艰难。正因为认识到"行"的重要与艰难，古人在构建伦理规范，注重道德教化之时，特别强调"身教重于言教"，要求以身作则，为人表率。清人管同对此有一段深刻的表述："以身训人是之谓教，以身率人是之谓化。"作为尊者、长者，更应该起表率作用，以自己的高尚品性和道德实践来服人、感人，率领众人共同向善。

　　所以说，"学至于行而止矣"就是要人们"反身实践"和"身体力行"。只有"体诸身、见诸行"，充之为品德，凝之为人格，才能使道德成为提升个人道德境界和改善社会风气的一种巨大精神力量。

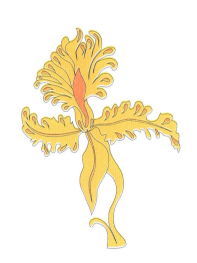

名家美文话格言

相关链接：临渊羡鱼，不如退而结网。——《汉书·董仲舒传》

纸上得来终觉浅，
绝知此事要躬行

纸上得来终觉浅①，绝知此事要躬②行。

——陆游：《冬夜读书示子聿》

> **注**　①浅：浅薄。
> 　　　②躬：亲自。

●●● 释义 ●●●

从书本上得到的知识终归是浅薄的，未能理解知识的真谛，要真正理解书中的深刻道理，必须亲身去躬行实践。

"纸上得来终觉浅，绝知此事要躬行。"这句话的意思是从书本上得到的知识终归是浅薄的，未能理解知识的真谛，要真正理解书中的深刻道理，必须亲身去躬行实践。读书固然重要，然而，这不是意味着关起门来，只顾读书。读书，就是要重视间接经验，但这并不是说不用参加实践，不要直接经验了。因为直接经验是一个人真正认识客观世界，掌握科学知识的基础。如果一个人脱离社会实践，缺少起码的直接经验，那么他就不可能真正理解别人的经验，更不会灵活地运用别人的经验，而只能是纸上谈兵。

印度有一个传说：一位长者的儿子，与一些商人一起到大海里去采宝。他很会背诵入海驾船的方法——船进大海，遇到漩涡，应当怎样；遇到大风，应当怎样；遇到礁石，应当怎样，等等。长者的儿子告诉大家："入海驾船的方法我全知道。"大家都相信了他的话。等船到了海中，没有多久，船师遇上疾病，突然死了。这时长者的儿子就代替了船师的位置。船驶到有漩涡的急流中，长者的儿子大声喊道："应当如此撑好船，如此把正方向！"可是船只在水里旋转，不往前走，去不了采宝的地方。一船的商人也都落水而死。

这个故事的教训是说仅有书本知识，而不参加实践，书本知识不与实践相结合，肯定是要失败的。

书本知识是前人实践经验的总结，前人的实践是在当时他那个条件下进行的，只有与你的具体实践相结合，才能灵活掌握，灵活运用，否则生搬硬套，是达不到目的的。

读书，为的是接受前人的实践经验。但是我们还应当想到这样一个问题：前人总结出来的实践经验都是对的吗？如果不是，怎样来验证它们呢？实际上，前人的实践经验不一定都是正确的，而检验的方法只有靠实践。例如，著名的比萨斜塔实验就推翻了一千多年来无人敢怀疑的书本知识。

在欧洲中世纪的物理教科书上，有这样一条定律：落体的速度，与它们的重量成正比。这条定律是赫赫有名的古希腊哲学家、科学家亚里士多德提出来的。一千多年来，从来没有人敢怀疑它，老师们这样讲，学生们也这样学。

1590年，比萨大学26岁的教授伽利略对这条定律大胆地提出疑问。他决定做一个关于自由落体速度的公开实验，向亚里士多德的定律挑战。好心的朋友劝阻他不要反对亚里士多德的结论，他坚定地说："不，他的结论是错误的。不用说一磅和十磅的铁球，就是一千磅的铁球也一样，只要同时下落，就会同时着地。"

在比萨斜塔前，许多大学生和著名学者都在等待伽利略的实验。伽利略事先准备好了两个体积相当而重量不同的铁球：一个是重一磅的空心球，另一个是重一百磅的实心球。伽利略把两个球一同放在塔顶栏杆的边缘上，高声喊道："下面可以把一切都看得很清楚，这两个铁球是同时向下坠落的。"说完，他把两个铁球同时抛了下去。果然，两个铁球同时下落，同时着地，落体的速度与它们的重量无关。亚里士多德的"定律"就这样被推翻了。

伽利略的实验很简单，一般人都能看得懂。但它却推翻了一千多年来无人敢怀疑的写在书本上的定律，以铁的事实证明书本知识不一定都是正确的。

可见，书本知识不是金科玉律，还必须经过实践的检验。

古今中外，一切有成就的政治家、军事家、思想家、科学家，都是在十分重视间接经验的同时，又勤于实践，把读书和实践紧密地结合起来的。所以我国南宋诗人陆游说："古人学问无遗力，少壮功夫老始成。纸上得来终觉浅，绝知此事要躬行。"这首诗告诉了我们既要刻苦读书，又要注意实践的道理。

名家美文话格言

相关链接：九层之台，起于垒土；千里之行，始于足下。——《老子》

经世之行

"经世"的内涵是"经国济世","经世之行"就是要求经书研究与当时社会的迫切问题联系起来，并从中提出解决当前社会问题的各种方案。

家事国事天下事事事关心

风声雨声读书声声声入耳；家事国事天下事事事①**关心。**

——顾宪成

> **注** ①事事：每件事。

名家美文话格言

相关链接：天下兴亡，匹夫有责。——顾炎武：《日知录》

●●● 释义 ●●●

　　此联为明东林党领袖顾宪成所撰。上联将读书声和风雨声融为一体，既有诗意，又有深意。下联有齐家治国平天下的雄心壮志。风对雨，家对国，耳对心，极其工整，特别是连用叠字，如闻书声琅琅。

　　1595 年的早春，一位昏死过去几次的病人又一次顽强地睁开双眼，46 年来走过的风雨历程又在他的脑海中流淌，他感慨万千，不禁口占一绝："妄拟古之人，岁月蹉跎忽至今。一息尚存应有事，莫将夭寿贰吾心。"意思是说，我从小就立志要像古代的伟人那样做出大事业，但岁月如白驹过隙，稍纵即逝，而今年近半百，生命垂危，且一事无成。然而我怎能去考虑自己的生老病死呢？一息尚存就当奋然进取。这个人就是明代进步思想家顾宪成。

　　顾宪成从小矢志求学，关心国事。小时家境十分清贫，但是，艰苦的生活环境反而激发了顾宪成奋发读书的决心与进取向上的志向。他在自己所居陋室的墙壁上题了两句话："读得孔书才是乐，纵居颜巷不为贫。"颜回，是孔子著名的学生，家里十分贫穷，但他不以为苦，师从孔子，刻苦好学，以学为乐。顾宪成以颜回自喻，表达了自己的苦乐观和贫富观，希望做一个有知识的"富翁"。

顾宪成在读书中，非常仰慕前贤先哲的为人，一心想仿照那些德高望重的人的思想举动去行事。他在读书期间就表达了对社会的关注，他自撰了一副对联："风声雨声读书声声声入耳；家事国事天下事事事关心"，表达了他要把书本知识和社会实践结合起来以经世致用的思想。

他的人生经历也验证了他的理想。1576年，27岁的顾宪成赴应天（今

践
行

相关链接：杜门忧国复忧民。

——陆游：《春晚即事》

名家美文话格言

相关链接：

僵卧孤村不自哀，尚思为国戍轮台。

——陆游：《十一月四日风雨大作》

江苏南京）参加考试，他在应试的文章《习书经》中指出：天下治理的关键在于用人得当。只有选拔、任用贤才，使之各司其职，这样才能使国家稳固、政治清明、民情安定。同时，顾宪成还强调朝廷要广开言论，虚心纳谏，依法治国，注意总结前代的经验教训以供借鉴，把国家的事情办好。1580年，顾宪成被赐进士出身，从此也就开始了他的仕宦生涯，投身到了社会激流中。

顾宪成带着强烈的政治热情踏上仕途，想为国为民做些有益的事。但当时宦官、王公、勋戚、权臣结合成为一股腐朽的势力，操纵朝政，政治黑暗，财政拮据，人民由于苛政暴敛被迫反抗的事件也层出不穷。由于明朝国力渐衰，崛起于关外的满洲贵族也逐渐不服明朝中央政府的管辖，并且逐渐构成对明朝的威胁。面对这种国是日非的形势，顾宪成初入仕途，就不顾自己位微言轻，上书直谏，主张举用人才，同时大胆评论时政得失，无所隐蔽。

1594年，顾宪成任吏部文选司郎中，在任中他不徇私情，拒绝请托，大胆推荐有贤能的人。但终因他所荐之人被神宗所厌恶，而被撤掉文选司郎中的职务，并结束了十几年的官场生涯，以"忤旨"罪回到原籍无锡。

顾宪成回到家乡泾里仍不放弃自己为国为民的抱负，尽管已不能在朝中实现自己的志向，也要在故乡做些有益的事。他认为：讲学，可以传授知识，扶持正论，为国家培养人才，这和自己重人才、重舆论的政治思想是一致的。于是便把精力集中到讲学上来。由于顾宪成在学界政界都有很高的声望，所以慕名来请教他的人很多。顾宪成不顾病体，不管其贫富贵贱，一视同仁，热情欢迎接待。即使许多已有功名、才学亦高的学者也争相前来求教。由他所主持的东林讲学博采诸家合理之言，去短集长、不执门户之见，讲学内容也较为广泛、丰富、适用。他还把理论与实践结合起来，要求学生身体力行。他把读书、讲学同关心国事紧紧地联系在一起，努力做到"家事国事天下事事事关心"。事实上他的一生都在亲身践行着自己经世致用的理想和抱负。

后来，顾宪成所撰的"风声雨声读书声声声入耳；家事国事天下事事事关心"的对联成了知识分子关心国事，热忱报国的警世格言。他的"经世致用""读书不忘救国"的精神，至今仍有积极意义。

鞠躬尽力，死而后已

相关链接：忧劳可以兴国，逸豫可以忘身，自然之理也。——欧阳修：《五代史伶官传序》

臣鞠躬①尽力，死而后已②。

——诸葛亮：《后出师表》

注 ①鞠躬：弯着身子，表示恭敬、谨慎。
②已：意思是"停止"。

释义

臣一定竭尽心力去效劳，死了之后才能停止。

中华民族自古以来就是崇尚气节与信念的民族。历代有识有为之士，都自觉地从先辈的高尚气节中汲取精神营养，用以坚定自己的信仰和追求，砥砺自己的情操和品格。越是沧海横流，越是如此。

"鞠躬尽力，死而后已"源于诸葛亮《后出师表》，这句话经后人点化，又演变为成语"鞠躬尽瘁，死而后已"。这一表述延伸和拓展了气节的内涵。它说明，对一个人而言，受信念支配的气节无时不有，无所不在，体现在人生追求的方方面面。不论是叱咤风云时的轰轰烈烈，还是埋头苦干中的默默无闻，须臾也离不开气节的引导。一个人投身的事业尽管有大有小，但只要志存高远，就能以己之所为报效国家，造福民众。即使不求闻达，气节也会蕴含其中，发挥"桃李不言，下自成蹊"的作用。

秦末的陈胜、吴广均为饥寒交迫的"瓮牖绳枢之子"，虽常年与人佣

名家美文话格言

相关链接：公家之利，之无不为。——《左传·僖公九年》

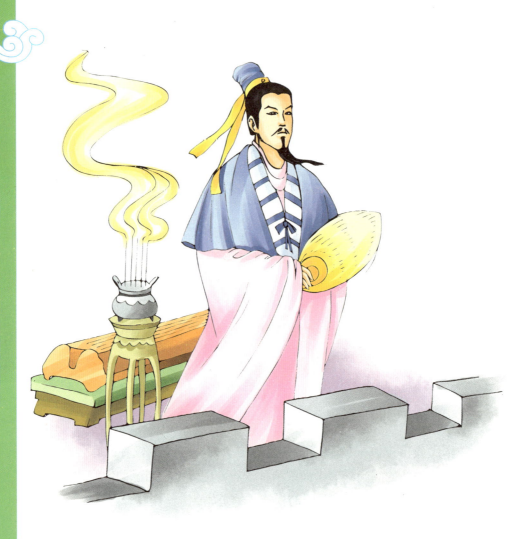

耕，但又胸怀"鸿鹄之志"，无时不在渴望着一个有意义的"富贵"人生。即使遭到周围人的嘲笑，他也只是怅然叹息："嗟呼！燕雀安知鸿鹄之志哉？"而事情的发展倒恰好证明，因为陈胜胸怀"鸿鹄之志"，后来才可能在戍途中鼓动戍卒"斩木为兵，揭竿为旗"，"伐无道，诛暴秦"，向以秦二世胡亥为代表的封建帝王发起第一次改朝换代的全面进攻。虽然他们在举义后不久相继牺牲，但他们表现出的"壮士不死即已，死即举大名"的气节却永垂青史。

诸葛亮是在汉末群雄角逐的乱世走上政坛的。当时，他身在隆中"躬耕垄亩"，却心系天下风云，立志像春秋时期齐国名相管仲和战国时期燕国名将乐毅那样，把自己的文韬武略献给统一天下的大业。正是因为他有"兴复汉室"的坚定信念，才会为汉室后裔刘备筹划"当世之事"，和盘托出东联孙吴、西据荆益、南和夷越、北抗曹魏、待机谋取中原的《隆中对》，并在后来与刘备和衷共济，按照《隆中对》的总战略联吴抗魏，夺取荆益，建立蜀汉，"三分天下而居其一"。诸葛亮后来数次北伐虽然都无功而返，最后死在北伐中原途中，让后人发出"出师未捷身先死，长使英雄泪满襟"的无限惋惜。但他以实际行动践履了自己在《后出师表》中立下的"鞠躬尽力，死而后已"的诺言，为后世士林塑造了一个千古忠臣的榜样，其人格魅力、其高风亮节一直为后世所景仰。

北宋的范仲淹是历代儒宦中为官清廉、敢于直谏、心忧天下的又一典型。范仲淹一生最重要的政绩是他协助宋仁宗进行在历史上被称做"庆历新政"的改革。由于改革触动了权贵的既得利益，遭到守旧派的群起而攻。他们甚至诬陷范仲淹结党营私，危害朝政，致使范仲淹被迫离京外任，但他忧国忧民之心始终不改，至死不悔。他在《岳阳楼记》中提出的警世名言，早已成为其后有建树的从政者立身行事的座右铭："不以物喜，不以己悲。居庙堂之高，则忧其民；处江湖之远，则忧其君。是进亦忧，退亦忧，然则何时而乐耶？其必曰：先天下之忧而忧，后天下之乐而乐欤！"

就上述三例，也足以说明，历来成大事、立大业者，通常都是不顾处境的顺逆，也不管在朝在野，心中都长存一种"鞠躬尽力，死而后已"的浩然正气，因而不管遭遇什么挫折，都能不坠其青云之志、坚守其人生大节。

相关链接：专利国家而不为身谋。——司马光：《谏院题名记》

人固有一死，死有重干泰山，或轻干鸿毛

人固①有一死，死有重于泰山，或轻于鸿毛②。

——司马迁：《史记·报任安书》

注 ①固：固然。
②鸿毛：指羽毛。

••• 释义 •••

人固然有一死，有的人死了比泰山还重，有的人死了比羽毛还要轻。

脍炙人口的名言"人固有一死，死有重于泰山，或轻于鸿毛"源自司马迁《报任安书》。《史记》有一篇《季布列传》写道：季布原是项羽手下的一员虎将，多次打败刘邦，刘邦对他恨之入骨。项羽兵败自杀之后，刘邦悬赏千金捉拿季布，并且宣布，胆敢窝藏季布者灭三族。季布躲到当时的大侠朱家家中当奴隶。朱家为了营救季布，亲自到京城拜见刘邦最信任的太仆夏侯婴。朱家对夏侯婴说："两主相斗，各为其主。季布作为项羽的部下，尽心尽责，那是他的本分。皇上能把项羽的臣下都杀光吗？如今，皇上刚得天下就报私仇，怎么能显示宽广的胸怀

名家美文话格言

相关链接：

见善明，则重名节如泰山；用心刚，则轻生死如鸿毛。——林逋：《省心录》

呢？真把季布逼急了，他逃到北边匈奴或者南方越人处，岂不是拿壮士资助汉朝的敌人？"刘邦听夏侯婴的话后，立即赦免了季布，并封季布为郎中（皇帝的侍从）。汉惠帝时，季布当了中郎将，阻止了吕后对匈奴用兵。汉文帝时，季布又担任了河东太守，成为汉朝一代名臣。

　　在《季布列传》结尾，司马迁说：在项羽那样以勇猛著称的名将面前，季布能凭自己的勇敢显露名声，可以称得上是壮士。但是，季布为了保全性命，在朱家家中当奴隶，这是多大的耻辱啊！为什么季布不选择死亡呢？

践行

相关链接：有愧而生，不如无愧而死。——申居郧：《西岩赘语》

因为他认为自己有才，他把受辱不当做是一种耻辱，而希望有朝一日能够充分施展自己的才华。

南宋末年有位诗人写道："遗表不随诸葛死，离骚常伴屈原生。"中国的伟人都是非常积极向上的。雷锋说："人的生命是有限的，为人民服务是无限的，我要把有限的生命投入到无限的为人民服务中去。"这是非常积极、向上、正确的人生态度。毛泽东同志在《为人民服务》中，也引用司马迁的这句话："人固有一死，死有重于泰山，或轻于鸿毛。"中国自古以来讲忠、孝、节、义的价值观，讲责任。忠是讲要对国家，对民族负责，"天下兴亡，匹夫有责"。中华民族延续了五千多年，不但没有消亡，反而战胜了前进道路上的重重困难，在曲折中不断发展，千万炎黄子孙，前仆后继，杀身成仁，舍生取义，去做"若为自由故"的事情。我们知道同盟会第一位牺牲在清政府屠刀下的人，叫陆皓东。他从香港潜回广州，准备组织起义时，被清政府抓了，被判杀头。临刑时，他讲："陆皓东可杀，但是，继陆皓东而起者，不可杀绝。"蒋介石叛变大革命后，大肆屠杀共产党人，其中包括夏明翰。夏明翰临刑前讲："杀了夏明翰，还有后来人。"他们为了国家和民族利益，什么也不怕，敢于牺牲个人。所以我们的民族能够延续五千多年，我想关键就在于千万志士仁人他们有"人固有一死，死有重于泰山，或轻于鸿毛"的人生价值的取向。

孟子说，"天将降大任于斯人也，必先苦其心志，劳其筋骨"，能成大事者，在这一点上概莫能外。司马迁置屈辱、生死于脑后，终于成就了史书中的"王者之作"，做出了"重于泰山"的人生选择。

慕义而死，保持名节；忍辱负重，自奋立名，怎样处理好这二者的界限是很难的。在《报任安书》中，司马迁提出了一个"人固有一死，死有重于泰山，或轻于鸿毛，用之所趋异也"的标准。司马迁认为仅以一死来对黑暗进行抗争，"若九牛亡一毛，与蝼蚁何异"，故他在忍辱与生死的痛苦抉择中选择坚强地活下来，并以最大毅力完成《史记》。他以《报任安书》来明志，说明他要发愤著书，效法古人，把自己全部精力倾注在《史记》著作之中，终得以成就其"一家之言"。他以实际行动践行了自己的生死观——没有像"鸿毛"一样死去。

不以智治国，国之福

以智①治国，国之贼，不以智治国，国之福②。

——《老子·六十五章》

注　①智：智巧。
　　②福：幸福。

释义

用智巧治理国家，是国家的灾祸；不用智巧治理国家，才是国家的幸福。

用智巧治理国家，是国家的灾祸；不用智巧治理国家，才是国家的幸福。这是老子提倡的无为政治，要统治者不要用智巧对付百姓，因为统治者对人民不诚心以待，人民自然也会如此对待统治者，上下相互欺诈斗智，也就国无宁日了。古代善于以道治国的，不是教人民智巧，而是使人民淳朴，人民之所以难治，是因为他们使用太多的智巧心机。

大家都知道萧规曹随的故事，就是实现老子"不以智治国，国之福"这种无为而治的典型事例。据《史记·曹相国世家》中记载，曹参起初卑贱的时候，跟萧何关系很好；等到各自做了将军、相国，便有了隔阂。到萧何临终时，萧何向孝惠皇帝刘盈推荐的贤臣只有曹参。曹参接替萧何做了汉

相关链接：是以圣人之治，虚其心，实其腹，弱其志，强其骨，常使民无知无欲。使夫智者不敢为也。为无为，则无不治。——《老子·三章》

朝的相国，做事情没有任何变更，一概遵循萧何制
定的法度。

　　曹参从各郡和诸侯国中挑选一些质朴而不善文辞的厚道人，
立即招来任命为丞相的属官。对官吏中那些言语文字苛求细枝末节，想

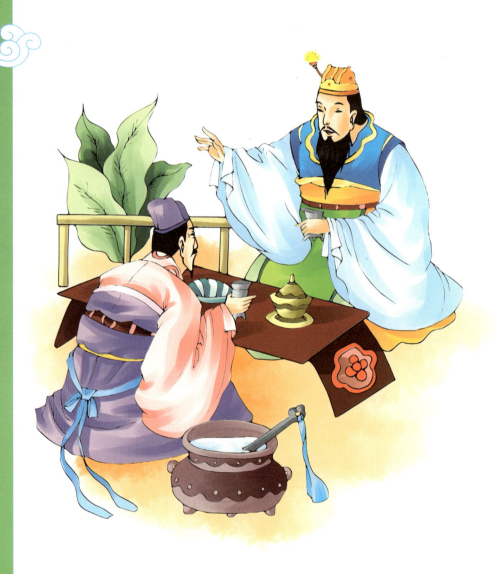

一味追求声誉的人，就斥退撵走他们。曹参认为只有这些质朴而不善文辞的厚道人才能以道治国，使人民淳朴。而那些一味追求声誉的人只能教人民智巧，他们使用太多的智巧心机的结果是使人民难治理。使用这些让其放心的人以后，自己就整天痛饮美酒。卿大夫以下的官吏和宾客们见曹参不理政事，上门来的人都想以言相劝。可是这些人一到，曹参就立即拿美酒给他们喝，过了一会儿，有的人想说些什么，曹参又让他们喝酒，直到喝醉后离去，始终没能够开口劝谏，如此习以为常。

　　曹参的儿子曹窋(zhú)做中大夫。汉惠帝埋怨曹相国不理政事，觉得相国是否看不起自己，于是对曹窋说："你回家后，试着私下随便问问你父亲：'高帝刚刚永别了群臣，皇上又很年轻，您身为相国，整天喝酒，遇事也不向皇上请示报告，根据什么考虑国家大事呢？'但这些话不要说是我告诉你的。"曹窋假日休息时回家，闲暇时陪着父亲，把惠帝的意思变成自己的话规劝曹参。曹参听了大怒，打了曹窋二百板子，说："快点儿进宫侍奉皇上去，国家大事不是你应该说的。"到上朝的时候，惠帝责备曹参说："为什么要惩治曹窋？上次是我让他规劝您的。"曹参脱帽谢罪说："请陛下自己仔细考虑一下，在圣明英武上您和高帝谁强？"惠帝说："我怎么敢跟先帝相比呢！"曹参说："陛下看我和萧何谁更贤能？"惠帝说："您好像不如萧何。"曹参说："陛下说的这番话很对。高帝与萧何平定了天下，法令已经明确，如今陛下垂衣拱手，我等谨守各自的职责，遵循原有的法度而不随意更改，不就行了吗？"惠帝说："好，您休息休息吧！"

　　曹参做汉朝相国，前后有三年时间。他死了以后，被谥为懿侯。百姓们歌颂曹参的事迹说："萧何制定法令，明确划一；曹参接替萧何为相，遵守萧何制定的法度而不改变。曹参施行他那清静无为的做法，百姓因而安宁不乱。"

　　曹参的智慧表现在秦过多"有为"之后，无为而治正是最好的。他不用智巧治理国家，而是通过"无为"的智慧使人民淳朴。这种做法正是老子"不以智治国，国之福"的智慧所在。因为智巧奸诈，湮没了人们真朴素的本性；抱朴守真，自然而然才是幸福。所以老子说"以智治国，国之贼"。最好的统治者，就是老百姓不知道他的存在，国家自然发展得好好的，这才是真正的"国之福"所在。

相关链接：人有不为，而后可以有为。——《孟子》

工欲善其事，必先利其器

子曰："工①欲善其事，必先利其器②。"

——《论语·魏灵公》

注	①工：工匠。 ②器：工具。

••••• 释义 •••••

孔子说："工匠要做好工作，必须先磨快工具。"

　　工匠做工与思想品德修养从表面上看是风马牛不相及的事，但实质上却有相通的道理。《论语集解》引孔安国的注解说："工以利器为用，人以贤友为助。"常言说得好："磨刀不误砍柴工。"工匠在做工前打磨好工具，操作起来得心应手，就能收到事半功倍的效果。思想品德修养也是一样。选择品德高尚的人交往，与他们做朋友，建立良好的关系，然后使自己得到有所贡献的机会，完成"仁"的目的。

　　孔子有一个学生端木赐，字子贡，是孔门七十二弟子之一。他善于设辞巧辩，孔子把他列为"言语"科的高才生。有一年，齐国的执政大夫田常，因为国内不服他的人很多，决定攻伐鲁国以树立威信。孔子听到后，对学生们说："鲁国是我们的父母之邦，祖先的坟墓都在那里，你们为什么不去解除它的危难？"勇敢的子路首先要求去抵抗齐国的军队，孔子不许；子张也提出要去，孔子不同意；子贡请行，孔子同意了。

　　子贡向孔子请教，如何在一个国家中施行仁政，孔子先用"工欲善其事，必先利其器"这个比喻告诉子贡，到那个国家里，首先要大量结交他们国内的人，恭恭敬敬地与他们的掌权者接触，跟他们那些有道德的，对仁政有兴趣的"士"交朋友，通过这些结交，有了良好的关系，可以充分了解他们的情况，使自己的认识更加敏锐，策略更加明智，使自己得到有所贡献的机会，以便实现仁的目的。

　　子贡按老师的教导，先到齐国去说服田常，告诉他攻鲁无利可图而攻吴则对齐国，对他本人大有好处，田常同意了。接着子贡又到吴国去劝说吴王，请他联合越国去对抗齐国。最后，子贡再到越国，叫越王只以兵器粮食支持吴国抗齐而不出军队。最后的结果是几个大国都卷入了一场混战，而鲁国却避免了被入侵的危险。子贡凭着他的口才和对列国形势的了如指掌，顺利完成了任务，而齐、吴、越国实际上都成了他完成任务的"棋子"。

　　孔子这句话表面上看来是在教人使用手段，而事实上他的目的是要实现"仁"的境界，是为救人。正如西方宗教革命家马丁·路德所说，"不择手段，完成最高道德"。但一些人往往把马丁·路德的话，只用了上半截，讲究"不择手段"，忘记了下面的"完成最高道德"。马丁·路德本人也是为了完成最高道德，所以起来进行宗教革命，推翻旧的宗教，兴起新的宗教。孔子的"欲善其事，先利其器"思想的真正内涵是通过"利其器"来实现"仁"这一最高道德。

　　后人把"工欲善其事，必先利其器"的含义缩小了，限制在实际的工人、工作、工具三方面的关系上，说服力就更强了。

践行

相关链接：德者，事业之基，未有基不固而栋宇坚久者。——洪应明：《菜根谭》

人生自古谁无死，
留取丹心照汗青

人生自古谁无死，留取丹心①照汗青②。

——文天祥：《过零丁洋》

> **注** ①丹心：是指赤红炽热的心，一般以"碧血丹心"来形容为国尽忠的人。
> ②汗青：是指历史典籍。古时在纸未被发明之前，要记录军国大事，便只能刻写在竹简之上；但必须先用火把竹简中的水分蒸发出来，这样才方便刻写，并可防虫蛀。后人据此引申，把记载历史的典籍统称为"汗青"。

●●●● 释义 ●●●●

自古以来，人终不免一死！但死得要有意义，倘若能为国尽忠，死后仍可光照千秋，青史留名。

孔子说，"志士仁人，不会苟全生命而损害仁义，而宁肯牺牲生命成全仁义"，意思是说仁人君子首先要具有仁的信念，不懈地坚持仁道，并且在困难的时候愿意为仁道而牺牲自己的生命，即杀身成仁。在孔子以后的儒家思想中，逐渐演变成人生的价值不在于富贵，也不在于长寿，而在于实行仁德，最终把自己塑造成仁人君子的价值观。

这种价值观一直以来都是中华民族的宝贵财富。历史上有许多仁人志士，都是宁可牺牲，也要捍卫自己的信仰，不肯为了生命的安全，去做违背仁义的事情，这也在更深层次上显示了一个人的修养和对生命价值的看法。

在中国的文学史中，文天祥也许不算是辉煌巨星，但他的诗歌中表现出来的精神和气节，光照后人，无可替代。"人生自古谁无死，留取丹心照汗青"这两句诗，七百多年来在中国人心中不绝鸣响，这也是文天祥留在人间的永恒心声。

文天祥写这首诗时，已是一个失去自由的俘虏，国破家亡，前途凶险。在元军的船上，面对无边风浪，面对死亡的威胁，他写出了《过零丁洋》：

"辛苦遭逢起一经，干戈寥落四周星。山河破碎风飘絮，身世浮沉雨打萍。惶恐滩头说惶恐，零丁洋里叹零丁。人生自古谁无死，留取丹心照汗青。"

文天祥为何写这首诗？文天祥有自注："上巳日，张元帅令李元帅过船，请作书招谕张少保投拜。遂与之言：'我自救父母不得，乃教人背父母，可乎？'书此诗遗之。李不得强，持诗以达张，但称'好人好诗'，竟不能逼。"

当时的状况是诱降文天祥的张弘范知道张世杰平日很敬佩文天祥，就要文天祥写信给在崖山抵抗的宋朝将领张世杰，进行招降。文天祥冷笑说："我自己不能救父母，难道会劝别人背叛父母吗？"于是文天祥便把自己过零丁洋时写的诗给张弘范看，诗的最后两句是：人生自古谁无死，留取丹心照汗青！张弘范看了只好苦笑。

张弘范一再劝降，没有结果，只好派人把文天祥押送到大都。文天祥为了表示他对宋朝的坚贞效忠，在押送的途中开始绝食，但绝食八天也没有死，只好恢复饮食。文天祥被押到大都，元王朝下令把他送到上等的客店里，用美酒、好菜招待他。过了几天，元朝丞相派南宋投降官员去劝降。文天祥把他们一顿痛骂，骂得他们只好灰溜溜地走了。元朝对文天祥劝降不成，就把他移送到兵马司衙门，戴上脚镣手铐。

在再次劝降失败的情况下，元朝统治者就下令把文天祥处死。在行刑那一天，北风怒号，阴云密布。京城大都柴市的刑场上，戒备森严。市民们听到文天祥将要就义的消息，都自发集中到柴市来，并一下子就聚集了一万多人。只见文天祥戴着镣铐，神色从容，来到刑场。他问旁边的百姓，哪一面是南方。百姓们指给文天祥。他朝着正南方向拜了几拜，端端正正坐了下来，对监斩官说："我的事结束了。"1283年1月，这位47岁的抗元将领壮烈牺牲。他在宋王朝危亡时刻，表现出了一身的浩然正气。

文天祥死后，他的衣带上有篇《赞》："孔子说，'杀身以成仁'。孟子说，'舍身而取义'。正因为我尽了人生的大义天职，才能达到这般高尚的仁人境地。读孔孟的书，所学的究竟是什么？今日为国，就义捐躯，多少可以无愧于心。"事实上，他不仅是为国而死，他更是为自己的信念而死，他的精神永远是我们中华民族的脊梁。

名家美文话格言

相关链接：

臣心一片磁针石，不指南方不肯休。——文天祥：《扬子江》

天下兴亡，匹夫有责

天下兴亡，匹夫①有责②。

——顾炎武：《日知录》

注　①匹夫：指普通百姓。
　　②责：责任。

释义

天下兴亡，是我们每个人的责任。

相关链接：以家为家，以乡为乡，以国为国，以天下为天下。——《管子·牧民》

践行

　　我们中华民族是一个具有深厚的爱国主义传统的伟大民族。当我们回溯历史，缅怀那些忠于自己祖国的优秀的历史人物时，常常会想起"天下兴亡，匹夫有责"这句话。顾炎武曾经写了一部很有名的书，叫做《日知录》。他在这部书的第十三卷的"正始"条中，谈到"亡国"与"亡天下"的区别。他说的"亡国"，是指改朝换代，一个王朝的灭亡；"亡天下"，是指整个国家民族的沦亡。他说："保国者，其君其臣，肉食者谋之"，意思是说，维护一个王朝的政权，是它的君臣等上层统治者的事。紧接着又说："保天下者，匹夫之贱与有责焉耳矣"，意思是说，保卫整个国家民族，则是全国人民都有责任的事情。后来，在人们传习和引用的过程中，后一句话被概括成为"天下兴亡，匹夫有责"。

"天下兴亡，匹夫有责"一直是中华民族的光荣传统。春秋时鲁国的老百姓曹刿看见敌强我弱，鲁庄公浅薄无能，国家危在旦夕，便挺身而出，说服庄公，指挥战争，取得了胜利。还有战国时的守门人侯赢，杀猪匠朱亥，在国家根本利益要受损害的时候，献计窃符，杀将救赵。唐代的郭子仪，宋代的岳飞，他们原来都是普通百姓，在国难当头时，毅然从军，浴血奋战，挽救了国家，一个成为平乱名将，一个成为抗金中坚。在近百年的争取祖国独立解放的斗争中，忧国忧民，奋起斗争的，几乎都是"位卑"的知识分子、工人、农民。

为什么"天下兴亡，匹夫有责"呢？在几千年的人类史中，人民悟出了一个道理，在国难当头的时候，身居高位者虽也不乏爱国之人，但统治集团里，多数人是只顾自己，不顾国家的。正如曹刿所论："肉食者鄙，未能远谋。"而当国家败亡的时候，又正如鲁迅所言，统治者虽然"树倒猢狲散"，但还有新的树可爬，摇身一变，成了新主子的奴才，而老百姓则如"泥沙"，无处可走，只有被践踏。所以，国家遭难时，真正的受害者是位卑的广大人民群众，国家的命运和人民的命运息息相关。

在我们今天的社会主义国家，政权掌握在劳动人民手里，人民群众的根本利益是一致的，从本质上说，已经不存在"位卑""位高"的问题了。但是，"天下兴亡，匹夫有责"的精神，在今天仍然有十分重要的意义。

首先，有利于调动一切积极因素推动社会的全面进步。在我国，人民群众的根本利益是一致的，国家兴旺，大家幸福；国家遭难，大家受苦。因此，我们每一个人，无论是干部还是群众，都应该关心国家大事。为国家分忧解难。尤其是各级干部，手中有权，那么忧国、为国、富国、强国，就更是自己的职责，就应该带好忧国、爱国、建国、保国的头。而广大的人民群众，也要发扬"天下兴亡，匹夫有责"的精神，为社会的全面进步贡献出自己应有的力量。

其次，要正确对待现实。把自己的工作同国家的利益联系在一起，为使国家富强，努力做好自己分内的事情，为国家贡献尽可能多的力量，并且体谅国家的困难。在生活上向低标准看齐，工作上、贡献上向高标准看齐，多奉献、少伸手。

再次，要发挥监督职能。从总体上来说，人民群众的根本利益是一致的。但是干部队伍中，确也有人利用手中的权力为自己谋利。而"位卑者"，广大的老百姓如果以为与己无关，那些腐败分子就可以在一定时间里为所欲为。如果我们广大人民群众，都能擦亮眼睛，敢于批评，敢于向国家有关职能部门检举揭发，那么，我们的干部队伍就会更加清正廉洁。

时至今日，我们不仅要忧国，而且要建国、富国、强国。无论什么人都应该为祖国作出自己的贡献。"天下兴亡，匹夫有责"作为我们中华民族热爱祖国伟大精神的重要组成部分，揭示了人民与国家的血肉关系，对我们今天的干部群众仍有深刻的教育意义。

位卑未敢忘忧国

位卑①未敢忘忧国，事定犹须待阖棺②。

——陆游：《病起书怀》

> 注 ①卑：低微。
> ②阖棺：盖棺。

释义

虽然职位低微，却从未敢忘记忧虑国事，（人）要死后才能盖棺定论的。

中华民族是一个伟大的民族，在五千多年的发展中创造了丰富的文化成果，形成了独具特色、内涵丰富的民族精神，突出地表现为热爱祖国、不屈外力、勤劳勇敢、豁达乐观、酷爱自由、不畏强暴、见义勇为、英勇奋斗等。这种民族精神对于整个民族的统一、稳定和发展起了不可取代的巨大作用，有着超越时代的深远影响。

"位卑未敢忘忧国"的爱国主义精神，塑造了一代又一代的民族英雄，创立了无数可歌可泣的爱国主义业绩，日益巩固和凝结成为中华民族的优良传统和崇高道德责任。如陆游本人就是一个伟大的爱国主义诗人，他一生反对民族压迫，反对投降主义，坚持收复中原、统一祖国。

他的诗歌里充满着"位卑未敢忘忧国"的爱国情怀和壮志难酬的悲愤。又如一代宗师柳宗元，传承并弘扬了伟大的民族精神。他崇奉"圣人之道"，以儒家修身、齐家、治国、平天下为己任；他有炽热的爱祖国、爱家乡的情感；他是非分明、憎恶扬善；他既能够在顺境中刻苦钻研、勤奋写作，也能在逆境中战胜困难、有所作为。尤其是柳宗元身上表现出来的宽厚的仁爱思想和强烈的忧患意识，不仅影响了他的人生道路、处世方式和文学创作，也集中地体现了我们民族的可贵精神。柳宗元的一生中，无论在顺境，还是在逆境，始终没有忘记的是仁爱和忧患。因仁爱，忧患意识表现得更为强烈；因忧患，仁爱表现得更为宽厚。

位卑未敢忘忧国的爱国主义精神也是我们中华民族独特的精神气质，是中华民族凝聚力的无尽源泉，是维护和保卫国家民族利益的永恒动力。中华民族历来有极强的民族自尊心和自强不息的民族意志，对于任何外敌的入侵，有宁死不屈的抵抗精神。而且愈是在民族存亡的危急关头，自强不息、抗敌御侮的民族精神表现得愈为强烈，从而凝聚成一股不可战胜的强大力量，足以克服一切困难，直至最后的胜利。"位卑未敢忘忧国"是对中华民族爱国精神的颂扬与概括。又如战国时代屈原的《国殇》："诚既勇兮又以武，终刚强兮不可凌。身既死兮神以灵，魂魄毅兮为鬼雄！"汉代贾谊的"国而忘家，公而忘私"；诸葛亮的"鞠躬尽力，死而后已"；岳飞的"以身许国，何事不可为"；顾炎武的"天下兴亡，匹夫有责"；林则徐的"苟利国家生死以，岂因祸福避趋之"，等等，正是这样的爱国精神代代相传，才使得中华民族根深叶茂，能够抵御任何狂风暴雨。

"位卑未敢忘忧国"的爱国主义精神又形成了我们中华民族一种特有的民族情感。这种民族情感形成了仁人志士报效国家、牺牲小我的政治理想传统。它突出表现了中华民族以小我成全大我，牺牲个人利益和局部利益去维护整体利益和全局利益的独特品质，从而形成整体为上的价值取向，《史记·廉颇蔺相如传》中，司马迁为后人塑造的廉颇和蔺相如很有典型意义。蔺相如在外敌面前临危不惧，不辱使命，成功地维护了国家的尊严；在内，他不以位高而自傲，面对廉颇的挑衅，表示要"先国家之急而后私仇也"，显示了为国义弃己利的君子风度。蔺相如的"不战"而胜和廉颇后来的"肉袒负荆"，是"整体为上"的道德准则在注重国家利益上的具体表现。相似的故事在中国历史上可以说不胜枚举。《东周列国》中记载：郑国商人弦高赶着牛群去洛阳贩卖，路上偶尔得知秦国已派出大量军队偷袭郑国。紧急中，他一面派人连夜赶回郑国去送信，一面机智地以郑王使者的身份，带着4张牛皮和12头牛去"欢迎"秦军，致使秦军在惊讶之余，不得不放弃了此次行动。弦高只是一个普通的商人，但他的义举却显现出中华民族历久弥坚的整体为上传统的深入人心，也就是"位卑未敢忘忧国"的爱国主义精神。

正是在这个意义上，我们说"位卑未敢忘忧国"。它总结了中华民族热爱祖国的伟大精神，揭示了人民与国家的血肉关系。它要求我们普通的社会成员只要立足自身的岗位辛勤工作，多奉献，就是爱国，就是忧国。

学以致用，仁者之乐

子曰："学而时①习②之，不亦说③乎？有朋自远方来，不亦乐乎？人不知而不愠④，不亦君子乎？"

——《论语·学而》

注 ①时：经常。
　　②习：温习。
　　③说：通"悦"。
　　④愠：恼怒。

释义

孔子说："学习后按一定时间复习，不也喜悦吗？有朋友从远方来了，不也快乐吗？别人不理解你但不生气，不也是君子吗？"

孔子认为人生有三乐：一是学而时习之，不亦说乎？二是有朋自远方来，不亦乐乎？三是人不知而不愠，不亦君子乎？孔子所说的人生三乐，实际上代表了人生的三种境界。如果没有达到这三种境界，就没有这人生的三大乐趣。

那么什么样的人可以得到孔子所说的三种快乐呢？那就是仁者和君子。追求仁义道德的人，他可以从生活中得到真正的快乐、永恒的快乐。如孔子的学生颜回，《论语》中说："一箪食，一瓢饮，在陋巷，人不堪其

名家美文话格言

相关链接：不知则问，不能则学。——《荀子·非十二子》

忧，回也不改其乐。"孔子称赞他"贤哉回也"。孔子为什么如此欣赏颜回呢？就在于颜回的理想与他老师的理想是一致的：修齐治平。第二个原因就是颜回为了实现理想而行仁，即使吃得不好，没关系！穿得不好，没关系！住得不好，没关系！即使让人看不起，没关系！

怎样才能得到真正的和永恒的快乐呢？孔子认为：

第一，就是通过学习去追求人生的真正快乐。通过学习，通过老师的言传身教，并且到实践中去不断体悟，学以致用，那就会找到自己真正的快乐。所以孔子说："学而时习之，不亦说乎？"他强调了两个方面，首先是要学习，然后要实践。韩愈说："人非生而知之者，孰能无惑？惑而不从师，其为惑也，终不解矣。"孔子说："唯上智与下愚不移"。这都说明对于大多数的人是要通过学习才能明白道理的。知识有间接知识和直接知识之分。一个人的生命是有限的，要想尽快地吸收人类积累的全部知识，就只有学习，接受先知的教导。但是，光是学习不行，学习的目的是为了提高自己，是为了使自己觉悟，所以学习后就必须身体力行，在生活实践中把学到的知识加以运用，这就强调了实践的作用。

孔子的学以致用，注重一个人在思想方面的成熟。即在生活实践中对照和观察自己坐卧行住、言行举止是否都能够做到老师所讲的那样。最主要是观察自己每时每刻的意念是善的，还是恶的，当达到善的境界时，也就是"仁"了，永恒的快乐也就出现了。所以只有学习和实践同时并重，才能得到人生的真正快乐。

第二，就是在广交善友，广结善缘中获得人生的快乐。一个人只有广交善友，才能不断提高自己。南怀瑾认为"有朋自远方来，不亦乐乎"的这个"远"字是形容知己之难得。中国有句老话："人生得一知己，死而无憾。"这个"远"不是空间地区的远，是指志同道合的朋友有时候离自己很远。如果有志同道合的朋友来了能不感到高兴吗？孔子的学问，是五百年以后，到汉武帝的时候才兴起来，才抬头。董仲舒弘扬孔学，司马迁撰《史记》，赞扬孔子，这个时间间隔五百多年了。所以南怀瑾说孔子这五百年来是非常寂寞的。孔子说有远方的朋友来相会，是一件很快乐的事。

第三，是要谦虚谨慎，严于律己，宽以待人。只有虚怀若谷的人才有永恒的快乐。一般人都喜欢表现自己，喜欢突出自己，一切以自我为中心。至于别人不理解我，甚至误会我、诽谤我，我还不怨恨，这更加是一种很高的境界。"满招损，谦受益"，不求出人头地，但求谦虚谨慎，这是追求仁的方法。如果别人说我好话就高兴，说我坏话就仇恨，那么这个人实际上在为别人而活着，他就失去了自我，时时为世间一切所动心，整天为名利而奔波，那么他能够得到真正的快乐吗？

通过学习获得"仁"，践行"仁"，与"仁者"为友，用"仁爱"待人，孔子认为只有这种人才能达到"仁者无忧"的境界，才能从生活中得到真正的快乐、永恒的快乐。

践行

相关链接：知之而不行，虽敦必困。——《荀子》

名家美文话格言

相关链接：临患不忘国，忠也。——《左传·昭公元年》

以身许国，何事不可为

父知而义之，抚其背曰："使①汝异日②得为时用，其③殉国死义乎！"应曰："大人许④儿以身报国家，何事不可为？"

——《岳飞传》

> **注**
> ①使：如果。
> ②异日：他日，将来。
> ③其：表揣度。
> ④许：预先答应给予。

释义

父亲知道他的忠义，抚摸着他的背说："如果你将来能够为国家效力，你定然会为国、为正义而献身吧？"岳飞回答说："请您事先允许我，把身体献给国家，这样还有什么事是做不成的呢？"

"以身许国，何事不可为？"意思是说，把身体献给国家，这样还有什么事是做不成的呢？这句话体现了岳飞的一片爱国热忱，把自己的身体献给国家，为国家作出自己所有的贡献。爱国，是一个伟大崇高和美好的字眼，它沉积着人们对哺育过自己的祖先和这片热土的深厚感情；它也包含着人们对自己民族的自尊心、自信心和为祖国、为人民独立富强的强烈的责任感和无限忠诚。

古往今来，这样的爱国事迹不胜枚举：革命家陈天华，在日本留学时，听到沙俄军队侵占满洲，腐败无能的清政府又要同沙俄私订丧权辱国条约的消息后，他悲愤欲绝，立即在留学生中召开拒俄大会，组织拒俄义勇军，准备回国参战。回到宿舍后，他咬破自己的手指，以血指书写救国书，在血书里陈述亡国的悲惨，当亡国奴的辛酸，鼓舞同胞起来战斗……他一连写了几十张，终因流血过多而晕倒，可嘴里还在不停地喊："救国！救国！"别人把他救醒后，他坚持把血书一份一份装入信封，从万里迢迢的日本寄回国内，读到的人无不感动。

老革命家吴玉章，年轻时东渡日本留学。1904 年元旦，因清朝末年中国贫弱，日本帝国看不起中国，在悬挂的万国旗中，故意不挂中国国旗。为维护国家和民族的尊严，吴玉章挺身而出，代表留日学生向学校当局严正提出：必须立即向中国学生道歉并纠正错误，否则，就要举行罢课和绝食以示抗议。学校当局在中国爱国留学生的强大压力下，只得认错道歉。

抗日民族英雄杨靖宇曾担任"南满抗日联军"司令，从 1934 年一直到 1940 年沙场献身为止。在艰苦征战的 6 年中，他身先士卒地在白山黑水、林海雪原里打击日寇。面对敌人的重兵围剿，杨靖宇率部顽强战斗，使敌人坐卧不安，惶惶不可终日。日寇对他又怕又恨，调集重兵围困。有人劝杨靖宇投降，他斩钉截铁地说："不，我有我的信念。"杨靖宇壮烈牺牲后，敌人残忍地用刺刀剖开他的肚子，杨靖宇的胃里没有一粒米，有的只是树皮、草根和棉絮。

在当代，有被胡锦涛主席誉为"思想技术双过硬的新型高素质试飞员"的英雄李中华，他是我国首批双学士飞行员，也是我国 3 名国际试飞员之一。他先后驾驶和试飞过歼击、轰炸、运输 3 个机种 26 种机型，多次完成重大的科研试飞任务，填补了多项国内空白，为我国航空事业武器装备的发展和我军军事斗争准备作出了突出的贡献。李中华曾经这样说过："如果爆发战争，我请求组织上把我试飞员的'试'字去掉，我愿意作为一名普通的飞行员驾机出征。"李中华还说过："试飞，是一种国家行为，是国家的事业。"当一个试飞员驾驶着新型战机，带着重要的研究课题飞上蓝天，生命，就与国家的巨额财产，与研究人员的心血汗水，与国家的强盛安危紧紧地联系在了一起。"使命高于生命"，这就是李中华的真实写照。

践行

相关链接：烈士之爱国也如家。——葛洪：《抱朴子·外篇·广譬》

岳飞、陈天华、吴玉章、杨靖宇和李中华五位爱国英雄，虽然生活的年代不同，爱国的行为各异，但他们身上体现的无不是"以身许国，何事不可为"的爱国热忱和舍生忘死为国的爱国精神，这种精神永远值得我们后人学习。

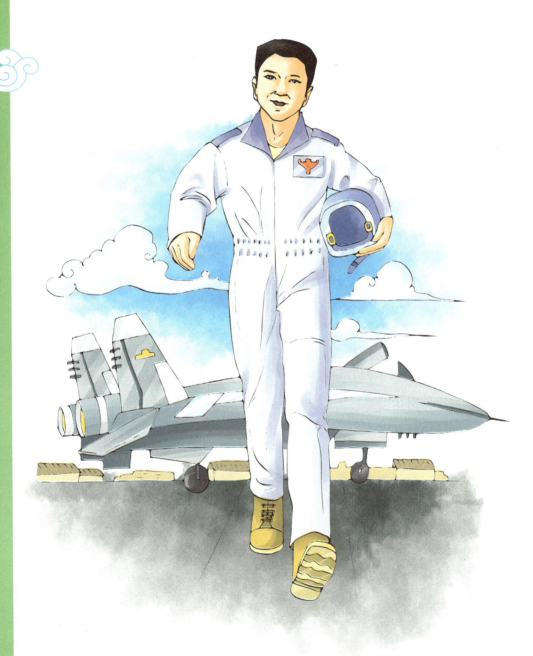

生当作人杰，
死亦为鬼雄

生当作人杰①，死亦为鬼雄②。至今思项羽③，不肯过江东④。

——李清照：《乌江》

> **注**
> ①人杰：人中杰出者。
> ②鬼雄：鬼之雄杰者。
> ③项羽：即楚霸王，秦亡后与刘邦争夺天下，最后失败。
> ④不肯过江东：《史记·项羽本纪》记，项羽垓下兵败后，逃至乌江畔，乌江亭长欲助项羽渡江，项羽笑曰："天之亡我，我何渡为？且籍与江东子弟渡江而西，今无一人还，纵江东父老怜而王我，我何面目见之？纵彼不言，籍独不愧于心乎！"言罢，拔剑自刎。

释义

生来就应当成为人中杰出者，死了也应当成为鬼之雄杰者。一直到现在仍然怀念、钦佩项羽不肯过江东的英雄气概。

倘若活着，就应当傲世而立，铁骨铮铮，为人中豪杰；倘若赴死，亦应从容若归，守着一份气节，即便在那修罗地狱也是鬼中的雄杰。这就是李清照眼中的项羽，一个霸王，一个虽败犹胜的英雄。建炎三年（公元1129 年），当李清照与赵明诚具舟芜湖，沿江而上经过和县乌江，见着这曾被热血浸染之地，不禁感从中来，写下了这首至今读来仍然荡气回肠的千

127

名家美文话格言

相关链接：苟利国家，不求富贵。——《礼记·儒行》

古绝句。我们不禁要想：一个闺秀女子，以其弱质纤纤之姿，在战乱之世只若浮萍无依，国已不国，何以为家的状况之下怎么会发出这样的慨叹？又为什么对一个失败者倍加推崇？答案昭然若揭，她所景仰的，在乎英雄的气节，她所谓的成败，并不在于结果，而是背水一战的豪气。然而，当时南宋统治者却苟且偷安，不战而败，一退再退，置人民于水深火热而不顾，兀自歌舞升平心安理得。她既怨，更是恨。一个个故人离别家园，可是自己却无能为力，只能空自悲叹，悲叹当时之世，已无霸王，已无英雄，已无玉碎之志，全是些瓦全之流。他们的所作所为与霸王形成鲜明对比。项羽在可以逃脱的机会中，因无颜见江东父老，乌江自刎。他面对不可战胜的命运，最终用自杀来表明了对命运的强烈抗争，表现出磊落的英雄气概。与海明威《老人与海》中的"老人"一样，他们的生命可以被消灭，但他们的意志永不屈服、他们的尊严不容玷污，他们用生命恪守其人生的准则。

所以李清照慨叹"人杰"之不在和"鬼雄"的缺失。一个"思"字，表示她的思想所向、志向所指，表现出的是何等的无畏生死之气。这首诗表达的是亡国之悲愤、爱国之强烈、命运之不屈的铮铮风骨。纵观历史长河之内，英雄无数，风流无尽，项羽的慷慨赴死报江东父兄，从容舍身，如此气节，在他英雄之躯訇然倒地之时，腾空而起，凌云直上，流传千里，摧人至今。宁可无愧而死，不肯惭愧而生，这是项羽用生命书写的一种忠贞和大丈夫之气。李清照慨叹的是南宋统治者缺乏这种爱国的傲气傲骨和永不屈服的意志。

中华五千年文化的精髓中，挺立着永不缺失的傲气傲骨。这种傲气傲骨也是我们中华民族的魂之所在。《礼记·檀弓上》载："齐大饥，黔敖为食于路，以待饿者而食之。有饿者蒙袂辑屦，贸贸然来。黔敖左奉食，右执饮，曰：'嗟，来食！'扬其目而视之，曰：'予唯不食嗟来之食，以至于斯也。'从而谢焉。终不食而死。"说的是，有一年齐国大饥荒，黔敖在路上施舍粥。有一个饥饿的人用衣袖遮面走来，黔敖吆喝着让他吃粥。他说，我就是因为不肯吃嗟来之食才落到这般地步的，终不肯吃，最后饿死了。这是极致的气节，但于齐人而言，确实是其本性使然，自尊气节甚于其身，重于其命。这种气节与项羽自刎于乌江的气节是一致的，也是李清照"思"的气节。

　　一个国家的兴盛，需要拥有经世之才的人，而大凡大才之人必有深入骨髓的爱国气节，必是舍生取义万死而不辞的。一个心无旁骛为国效力的人，即使面对死亡，亦定正然而立，较之项羽之义，较之齐人之志，何其相似？于是，这经世之行，便肇始于这凛然之气，爱国之心了。

相关链接：常思奋不顾身，而殉国家之急。——司马迁《报任安书》

若争小可，便失大道

若争小可①，便失大道②。

——周希陶：《增广贤文》

> 注　①小可：小的局部的利益。
> 　　②大道：大的道理。

······ 释义 ······

假如去争取小的局部的利益，失去的便是大的道理。

"若争小可，便失大道"，这句话是说一个人如果一味地争夺个人小利，就会损害全局利益，有违道德标准。这句警世格言旨在教育人们，做人要顾全大局，要有全局意识。

所谓的大局是指整个的局面和整体的形势。一般来说，人的认识是有局限性的，对于与自身相关的局部事物看得重一些，而重视全局的事物是有一定难度的，因此，要通过不断学习，培养自己的大局观念。要善于学习我国古人的智能，汲取古人的教训，做一个顾全大局的人。

三国时期的关羽就因不识大局导致丧命。关羽过五关，斩六将，单刀赴会，水淹七军，是何等英雄气概。他与刘备、张飞桃园结义，成为不求同年同月生、但愿同年同月死的异姓兄弟，是何等的仁义，然而关羽却有一个致命的弱点——不顾大局、刚愎自用，结果不仅命丧他人，还使得蜀汉丧失了进一步发展的机会。

当关羽受刘备重托留守荆州时，诸葛亮再三叮嘱他要"北拒曹操，南和孙权"。可是，当孙权想与关羽成为儿女亲家，派人来向关羽提亲时，关羽一听大怒，喝道："吾虎女安肯嫁犬子乎？"把好事变成了坏事，由此得罪了盟友孙权，最终导致了吴蜀联盟破裂，双方刀兵相见，关羽也落个败走麦城，被俘身亡的下场。

假若关羽少一点偏激，不意气用事，那么，吴蜀联盟大概不会破坏得那么严重，荆州的归属可能也是另外一种局面了。

关羽不但看不起对手，也不把同僚放在眼里。名将马超来降，刘备封其为平西将军，远在荆州的关羽大为不满，特地给诸葛亮去信，责问说："马超能比得上谁？"老将黄忠被封为后将军，关羽又当众宣称："大丈夫终不与老兵同列！"目空一切，气量狭小，盛气凌人，其他的人就更不在他眼里，一些受过他蔑视侮辱的将领对他既怕又恨，以致当他陷入绝境时，众叛亲离，无人救援，促使他迅速走向败亡。

蜀汉的过早灭亡，关羽的不顾大局是其中的重要因素之一。可见，一个人的大局观念是何等重要。

在日常生活中，这种"若争小可，便失大道"的教训也很多。

从前，有个人非常讨厌老鼠，他花许多钱买了几十只猫，准备用来捉老鼠。他每天给猫吃鲜鱼肥肉，并让它们睡在珍贵的毛毯上。猫儿们吃得饱饱的，又安逸又舒服，当然用不着去捉老鼠充饥了，甚至还有个别猫竟然同老鼠打成一片，在一起玩耍游戏，老鼠因此越发猖獗。

这个人十分恼火，于是不再养猫了，他认为天下没有一只好猫。他又设下捕老鼠的夹子，可是没有一只老鼠去踩夹子。那个人气极了，又在饵料里下毒，老鼠就是不来吃。这个人恨老鼠恨得咬牙切齿，把所有的灭鼠方法都用上了，结果还是没有把老鼠灭掉。

一天，他家的房子着火了，火烧到了米仓，并延伸到寝室里。这个人不但不救火，还跑到大门外哈哈大笑起来。邻居们看见他家着火，都来帮助灭火，这个人却大发脾气地说："那些老鼠正要被这场大火烧死，你们却去救它们，谁要你们多管闲事？"众人一听，都十分生气，于是便扔掉手中的救火工具走开了。火越烧越大，这个人的米仓和寝室都被大火化为了灰烬。至于那些老鼠呢，早已通过地下通道跑得无影无踪了。

相关链接：毋私小惠而伤大体，毋借公论而快私情。——周希陶：《增广贤文》

践行

这则故事告诉人们，一个人考虑问题不能顾此失彼，只注意局部问题，而忽视了全局利益。故事中的这个人是一个典型的只见树木，不见森林，思维片面的"呆子"。

伏尔泰说："行路时使人疲惫不堪的不是远方的高山，而是鞋子里的一粒沙子。"那么，生活道路上的这粒"沙子"就是生活中的"小可"，就是如上所说的局部利益。正如现在流行的"木桶原理"：木桶能够装多少水，不是由最长的那块木板决定的，也不是由木板的平均高度所决定的，而是由最短的那块木板决定的。我们要把那块"短板"加长，才能达到全局利益要求，这才是"大道"的要求。

名家美文话格言

相关链接：成大功者不小苟。——刘向：《说苑·政理》

相关链接：廉者民之表，贪者民之贼。——周希陶：《增广贤文》

廉者，政之本也

廉^①者，政^②之本也。

——《晏子春秋·内篇杂下》

注
　①廉：廉洁。
　②政：治国。

释义

廉洁是治理国家的根本。

　　清廉是人们对为官者的期望和要求，为官清廉的人不仅受到当世民众的景仰，而且流芳百世。我国封建社会自秦始皇以来，有三百五十多位皇帝，而大家能够说出姓名的恐怕为数不多，但要说起宋朝的包拯（"包青天"），恐怕不知道的人很少。为什么呢？因为包拯不畏权贵、清廉自守、断案如神的故事有口皆碑、世代相传，以至于深入人心。

　　贤者智士都把清廉作为做人的品德。著名的吉鸿昌将军为了勉励自己清廉为官，将父亲临终前留下的"做官即不许发财"的遗训刻在茶碗上，每天鞭策自己保持清廉的品德。吉鸿昌虽做高官，但始终不为名利诱惑，最终成为伟大的爱国主义者，成为后人学习的榜样。

　　我国历史上有许多官员非常注重官德修炼，廉洁从政，受到了后人的敬

133

仰。比如南北朝时期的袁聿修，担任尚书郎十年之久，然而他连别人的一瓶酒也没有收过。尚书邢邵对袁聿修很敬佩，常称他"清郎"。太宁初年（公元 561 年），袁聿修以太常少卿的身份巡视各地，并且考核地方官吏的得失。他到山东兖州巡视时，邢邵正好在那里任刺史。故人相见，格外高兴。临别时，邢邵送给他几尺白绸作为纪念，但是袁聿修拒绝接受。

事后，袁聿修给邢邵写信说："我怀着敬仰的心情从兖州路过，有些行为您一定是会理解的。俗话说，'瓜田不纳履，李下不整冠'，古人是很谨慎的。我现在出巡各地，不要对我有苛重的责备。"邢邵接到信后，很高兴并且也很理解，立即写了回信说："我年纪大了，老糊涂了，没有考虑到这些。读了您的信之后，我全然明白了。然而，过去您只是一位'清郎'，现在却成为一位'清卿'了，我真为有你这样的朋友高兴啊！"

为官清廉，为民服务也是我们党的宗旨，我们党在各个时期也都涌现了许多勤政清廉的好干部。原呼和浩特市委书记牛玉儒的事迹感动了中国。

牛玉儒为官清廉，他担任过五年包头市长、两年自治区副主席、一年半呼和浩特市委书记，但从未利用手中的权力为个人谋取私利。按照常人的想法，牛玉儒做这么大的官，他的亲戚也会跟着沾光。

牛玉儒的妻子谢莉说："多少年来，他为素不相识的人办过无数实事、好事，可他的亲戚当中好多人认为他是一个'六亲不认'的人。他的五个兄妹至今仍都在通辽老家，其中两个妹妹和妹夫都下了岗。老家的亲戚朋友听说他当大官了，都来投奔，可牛玉儒总是让人家高兴而来，扫兴而归。他说我的权力是人民给的，不属于我自己，我不能随便支配。"

牛玉儒的父亲曾在给儿子的一封信中写道："我从不担心你会犯什么错误，就担心你能不能永远地去为人民服务，做一个堂堂正正的好官……"牛玉儒没有辜负父亲的嘱咐。

多少年来，牛玉儒一直把父亲的教诲铭记在心，他以事业为重，以人民为重，常常忽视了自己。他用自己一生的实践，实现着他的理想和信念，直到生命的最后。

一位不愿披露姓名的包工头说："这些年我在内蒙古揽工程，三次到他家都被拒之门外。"牛玉儒的秘书李理说："他要求家里不接待呼市的干部，谈工作都到办公室谈。他对我们的要求非常严格，所有礼品、礼金都不能代收，一律拒绝。"牛玉儒的司机陈磊说："我是现役军人，玉儒书记工作经常不能正常下班，我也经常耽误了吃饭，牛书记每个月拿自己的工资给我补贴 150 元。"

这就是牛玉儒做人的品德，他将清廉留在了人间，留在了老百姓的心里。

晏子说："廉者，政之本也。"无论是居庙堂之高，还是处江湖之远，胸怀黎民苍生，心系国运兴衰，都应该成为为官的一个基准。为官者应常思贪欲之害，常戒非分之想，常怀律己之心，常修从政之德，才能让廉洁之念常驻心间。

践行

相关链接：苟非吾之所有，虽一毫而莫取。——苏轼：《前赤壁赋》

思之慎行

缜思慎行，就是遇事要缜密思考，
而后谨慎行事，这是历史指示我们
的一种做人原则。

谨于言而慎于行

君子道①人以言而禁②人以行，故言必虑其所终③，
而行必稽④其所敝⑤，则民谨于言而慎于行。

——《礼记·缁衣》

> **注**
> ①道：引导。
> ②禁：防止。
> ③终：结果。
> ④稽：检查。
> ⑤敝：缺点。

●●●●● 释义 ●●●●●

　　君子用言语引导人们向善，用好的行动防止人们学坏。所以君子说话一定要考虑后果，行动必须检查是否有缺点。这样则百姓对自己也言行谨慎了。

　　志当存高远，事事当谨慎，这是历史指示的做人原则。孔子说："敏于事而慎于言。"所谓"立身"，包括树立自己的名声，明确自己的做人原则，建立自己有代表性的业绩。这里的环节很多，而且有许多潜在危机，所以必须谨慎。

　　吕僧珍字符瑜，是山东范县人。从南齐时起，吕僧珍便随从萧衍。

吕僧珍有大功于萧衍，被萧衍恩遇重用，其所受优待，无人可以相比。但他从未居功自傲，恃宠纵情，而是更加小心谨慎。当值宫禁之时，盛夏也不敢解衣。每次陪伴萧衍，总是屏气低声，不随意吃桌上的果实。有一次，他喝醉了酒，拿了桌上一个柑橘。萧衍笑着说："卿真是大有进步了。"拿一个柑橘被认为是大有进步，可见吕僧珍谨慎到什么程度。

吕僧珍因离乡日久，上表请求萧衍让他回乡祭扫先人之墓。萧衍为使其衣锦还乡，光宗耀祖，不但准其还乡，还赐其使持节、平北将军、南充州刺史，即管理其家乡所在州的最高行政长官。然而，吕僧珍到任后，平心待下，不私亲戚，没有丝毫张狂之举。吕僧珍的侄子，是个卖葱的，他听说自己的叔叔做了大官，便不再卖葱了，跑到吕僧珍处要求谋个官做。吕僧珍对他说："我深受国家重恩，还没有做出什么事情以为报效，怎敢以公济私。你们都有自己的事干，岂可妄求他职，快回葱市干你的本行吧！"吕僧珍的旧宅在市北，前面有督邮的官府挡着。乡人都劝吕僧珍把督邮府迁走，把旧宅扩建。吕僧珍说："督邮官府自我家盖房以来一直在此地，怎能为扩建吾宅让其搬家呢？"吕僧珍有个姐姐，嫁给当地的一个姓于的人，家就在市西。她家的房子低矮临街，左邻右舍都开店铺货摊，一看就是贫穷的人住的地方。但吕僧珍常到姐姐家中做客，丝毫不觉以出入这种地方为耻。

君子立身处世，贫贱不能移，威武不能屈，富贵不能淫。这是封建社会中理想的做人准则。然而，这并非常人可以做到。更有甚者，贵而忘贱，得志便猖狂，恣意妄为，最终身败名裂。吕僧珍可谓是深知立身之道的智者，他功高不自居，身贵不自傲，从而使皇帝对他更加信任，放心。吕僧珍58岁时病死，梁武帝萧衍下诏加谥为忠敬侯。吕僧珍善有其终，这和他立身谨慎是分不开的。

五代时吴越国王钱镠，原本是杭州临安的盐贩，出身低微。在群雄竞起、攻伐不已的复杂局面下，他逐渐发展自己的势力，占据了两浙，建立了吴越国，并能够存在很久，和他立身严谨是大有关系的。在这方面，他留下了不少的故事。

钱镠虽据江浙富庶地区，又身为国君，但生活却十分节俭。他的住处用具都十分俭朴，衣服衾被全都用细布制成，平时用膳，餐具不过瓷漆器而已。有一次，除夕守岁，子孙都聚在一起，大家非常高兴，便命乐工奏乐助兴。但没奏两支曲子，钱镠马上便让停下了，说："不知道的人还以为我是在作长夜之饮。上行下效，不可不知。"

成由节俭败由奢，古往今来皆如此。钱镠虽偏居一隅，并没有建立显赫无比的功业，但由于他采取了正确的对外对内的策略，使江浙地区保持了相对的稳定，对社会生产发展起了很好的作用。而他立身的严谨，是他事业成功的重要保证之一。作为普通人，我们应从吕僧珍和钱镠的故事中获得教益。

名家美文话格言

相关链接：临行而思，临言而择。——王安石：《仁智》

相关链接：见善则迁（学习，有过则改。——《周易·益·象》

忠言逆耳利于行，良药苦口利于病

忠言①逆耳利于行，良药苦口利于病。

——周希陶：《增广贤文》

注 ①忠言：教人从善的语言。

释义

　　良药多数是带苦味的，但却有利于治病；而教人从善的语言多数是不太动听的，但有利于人们改正缺点。这句话旨在教育人们要勇于接受批评。

　　一个人有了过错并不可怕，只要能够及时改正就无大碍，可怕的是讳疾忌医，不愿意接受别人的批评意见，从而由小错到大错，由大错到不可救药。

　　纵观我国历史，凡是成就突出的人，大都勇于接受批评意见。他们能够从善如流，所以能够吸取众人的智能，避免自己的失误，从而成就自己的事业。

　　汉高祖刘邦就个人能力而言，正如他自己所说的不是太强，但他有一个突出的优点，那就是能够听取别人的批评意见，而不像楚霸王项羽那样刚愎自用、唯我独尊。

秦朝末年，刘邦率军攻入咸阳，推翻了秦朝的统治。刘邦进入秦宫后，见宫殿高大雄伟，美女、珠宝不计其数，心中产生了羡慕之情，想全部据为己有。大将樊哙劝刘邦最好不要这样做，刘邦很不高兴。谋士张良对刘邦说："秦王之所以不得人心，失去天下，原因就在于他穷奢极欲。现在您刚入秦宫就想像秦王那样享乐，岂不坏了大事？樊哙的话可是忠言啊！忠言逆耳利于行，良药苦口利于病，您还是听樊哙的劝告吧！"刘邦听了深有感触，立即采纳了樊哙的意见。接着，刘邦又传令废除秦朝苛法，还约法三章："杀人者死，伤人及盗抵罪。"刘邦不仅

名家美文话格言

相关链接：岁寒，然后知松柏之后凋也。——《论语·子罕》

分毫未动秦宫的财宝，而且撤守灞上，深得秦人的拥护，这与后来的项羽火烧阿房宫形成了鲜明的对比。

历史上还有唐太宗李世民，也是我国历史上著名的贤君，在他统治时，唐朝出现了繁荣的局面，史称"贞观之治"。唐太宗善于听取臣下的批评意见，他与魏征的故事历来为人们所传颂。

李世民即位之后，提拔敢于直言的魏征当了谏议大夫。魏征有胆有谋，常常不顾皇帝的情面而极力劝谏，有时达到非常执著的地步。魏征当了几年的谏议大夫，前前后后竟直言陈谏了二百多件事情。

能够得到智者的批评是一件幸事。要知道，批评一个人是需要很大勇气，冒很大风险的。谁都知道"多栽花，少栽刺"的道理。一般而言，人们都喜欢听好话，而不愿意听批评意见，有些人还会错误地对待批评，甚至把提批评意见的人当成仇人。还需指出的是，智者只对值得批评的人提出批评意见，而对不值得批评的人根本不会去说他，懒得冒被人仇视的风险。刘邦之所以能够以弱胜强战胜项羽并取得天下，其中一个很重要的因素就是他虚怀若谷，明白"忠言逆耳利于行，良药苦口利于病"的道理，并能诚心接受别人的批评意见，改正自己的错误。这种知错必改的优秀品德，值得我们学习和借鉴。

相关链接：谀言顺意而易悦，直言逆耳而触怒。——欧阳修：《为君难论下》

143

不贵于无过，而贵于能改过

名家美文话格言

相关链接：人孰无过，过而能改，善莫大焉。——《左传》

不贵于无过①，而贵于能改过。

——王阳明：《改过》

注 ①无过：没有过错。

释义

人可贵的不在于没有过错，真正可贵之处在于能改正过错。

　　王阳明这句话的意思是一个人的一生，是不可能一点儿过错都不犯的，知过能改，就是一个能做一番事业的人。战国时赵国名将廉颇，就是一个知过就改的典型。他原来居功自傲，瞧不起出身低微、因外交才能而受重用的蔺相如，总想当面羞辱他。而蔺相如顾全大局，始终避免与廉颇直接冲突，他始终以国家为重，认为在一国内不应"两虎相斗"，而应合力对付强敌秦国。廉颇知道蔺相如如此大度后，羞愧难当，便登门向蔺相如负荆请罪，双方和好，成为莫逆之交。此后，二人合作，廉颇屡战屡胜，赵国也强盛起来。历史上把这段故事称为"将相和"。

　　在现实生活中，每个人都会有意无意地犯下一些错误。人的知识是有限的，而生活则是无限复杂的。因此，不论是赫赫有名的科学家、文学家，还是默默无闻的小人物，犯错误都是难免的。所以，错误并不是可怕的东西。恰恰相反，曾经犯过的错误是我们的宝贵财富——因为我们可以从中获得经验和教育。

有这样一个故事：一个人在工作中犯了严重的错误，导致公司损失了1 000万元的收入。上司叫他到办公室去，他知道自己要被炒鱿鱼了，但是，上司竟然只是鼓励他以后好好工作。旁人不理解，问那位上司为什么要这样做。回答是，"公司已经用1 000万给他交了学费，我相信他会从中学到很多东西。"这个员工非常感动，以后一直努力工作，取得了很好的成绩。

故事里的这个上司，就帮助犯错者把自己的错误当成财富，以之为戒，为未来的成功铺路。这是一种健康的改过观。

爱迪生说过："失败也是我需要的，它和成功对我一样有价值。"没有

践行

相关链接：良药苦口，惟疾者能甘之。忠言逆耳，惟达者能受之。——陈寿：《三国志·吴志·孙奋传》

无数次错误的经验，发明电灯的设想不可能成为现实。西门子公司就允许下属犯错误。他们认为，如果哪个人在几次犯错误之后变得"茁壮"了，那对公司是很有价值的。犯了错误就能在个人发展的道路上不再犯相同的错误。

所以，知错就改的人是值得尊敬的，做人应该学会改过。不要因为利益、面子的缘故而拒绝改过。要学会接受批评，要自省，要诚心的改过。犯了错误只要肯改过，就能得到宽容和谅解。犯错和改错的过程，就是人成长的过程。

既然犯错是难免的，我们就用健康的心态来面对它。王阳明说，"不贵于无过，而贵于能改过"，犯了错误只要能够及时改过，它们则能时刻提醒和鞭策我们前进。因此，犯过的错是我们的财富。

名家美文话格言

相关链接：过而不改，是谓过矣。——《论语》

相关链接：见义不为，无勇也。——《论语·为政》

见利思义

见利思义，见危授①命，久要不忘平生之言②，亦可以为成人③矣。

——《论语·宪问》

> **注**
> ①授：献出。
> ②言：诺言。
> ③成人：完人。

释义

见到财利能想到义的要求，遇到危险能献出生命，长久处于穷困还不忘平日的诺言，也就可以说是完人了。

"见利思义"是中国传统道德处理群己关系的一条基本行为准则，是中华民族重要的传统美德。孔子说："富与贵，人之所欲也，不以其道得之，不处也；贫与贱，人之所恶也，不以其道得之，不去也。"利，是人之所欲。人要生存，要解决衣食住行，就不能没有对利的追求；人还要求不断改善生存条件，过更好的生活，这都是人之常情。反对言利，想取消人们对利欲的追求，是做不到的。但是对利的追求应该受到一定的制约，有所节制。如果毫无约束，任由个人去追求利益，社会和群体的秩序就无法维持，社会生活就会发生混乱。所以，社会、群体就要制定出一些反映社会、群体整体利益需要的规则，个人对欲利的追求应该遵守这些规则。这个规则，包括道德的和政治的，在中国传统文化中就叫做"道"或"义"。用道义来制约对欲利的追求，这就是"以义制利"。

以义制利是给欲利的追求提出一个标准，也就是说，对个人利益的追求有一个正当和不正当的问题；对私利的追求，凡符合道义要求的就是正当的，凡不符合道义要求的就是不正当的；对私利的追求应该符合道义要求，这就是所谓"求之有道"。问题不在于要不要和能不能追求私利，而在于对私利的追求是否合理；提出"以义制利"，不是笼统地反对追求利欲，而是要给对利欲的追求提出一个正当与否的标准。孟子说过，只要符合道义的要求，即使如舜从尧那里接受天下，也是合理的，不为过分；相反，如果所求不符合道义的要求，那就是不合理的，即使是一碗饭、一分钱，也是不能要的。

既然对利益的追求要服从和符合义的要求。那么在有利可图时，就要先想一想是否合乎道义，来决定取舍；符合道义的就取，不符合道义的就不取，这就是"见利思义"。

甄彬，梁朝人，在他困苦时，曾经以一束可以织布的苎做抵押，向长沙寺观当铺借钱。后来赎回苎时，发现束内，藏有五两金子，甄彬心想这些金子，不是我该得的，我不能无缘无故吞没，随即送还当铺。这件事在梁武帝做平民时就曾经听说过，心中对甄彬的人格修养非常赞赏。

梁武帝即位后，便任用甄彬，派他前往带郫郡，当地方县令。临走之前，同等官位五人，武帝一一告诫他们，为地方县令，应以廉洁慎重最为重要，愿卿等多多加勉。唯独对甄彬说："卿往日有还金的高洁美德，所以寡人就不用再以这些话嘱咐您了。"从此甄彬的声望德行，更加彰显，传遍天下，留芳万世。

所以，见利思义这个道理，对于任何一个社会都是适用的。问题只在于不同社会、不同时代、不同的人群对求利的正当与不正当有不同的道义标准。古代等级制下的道义要求，显然与现代社会不相适应。就是在古代，同处于一个社会的统治者与被统治者，如《水浒传》中的梁山好汉与官府，由于地位和利益不同，对道义也有根本不同的理解。但尽管如此，他们却是遵循着同一个原则：以义制利，见利思义。所以我们反对古代统治者利用封建礼教束缚百姓，抹杀百姓对利欲的正当要求，并不是反对见利思义的原则，而是要推陈出新，用适合当前社会需要的道义标准取代旧的标准。

践行

相关链接：放于利而行，多怨。——《论语·里仁》

忍小忿而就大谋

忍小忿^①而就大谋^②。

——苏轼：《留侯论》

> **注**　①小忿：小的愤怒。
> 　　　②大谋：大事情的谋划。

●●●● 释义 ●●●●

忍耐小的愤怒而成就大事情的成功。

名家美文话格言

相关链接：处世让一步为高，退步为进步的根本。——洪应明：《菜根谭》

　　苏东坡的《留侯论》就是通过评价伟大豪杰，来说明立志高远的人是怎样"忍小忿而就大谋"的。文章开头那段话气势磅礴，极有启发意义："古之所谓豪杰之士，必有过人之节，人情有所不忍者，匹夫见辱，拔剑而起，挺身而斗，此不足为勇也。世有大勇者，猝然临之而不惊，无故加之而不怒，此其所挟持者甚大，而其志甚高也。"用今天的话来说，有所大作为的人，必然有过人之处，是什么呢，对于突发事件并不惊怵，别人无端责怪甚至凌辱并不马上火冒三丈，拼死捍卫自己的尊严，苏东坡认为这样的人志向远大，认为不能因为小事情而打乱自己循序而进的人生历程。

　　古时候被人称做豪杰的志士，一定具有超人的节操。一般人在生活中，有时会碰上无法忍受的事情。一个人受到侮辱，拔剑而起，挺身上前搏斗，这并不算是勇敢。天下有一种真正勇敢的人，遇到突发的情形毫不惊慌，无缘无故侵犯他也不动怒。为什么能够这样呢？因为他胸怀大志，目标高远。

苏东坡在这篇文章里提到了张良年轻时的传奇。在秦统一六国后，作为韩国贵族的张氏家族自然被赶尽杀绝，失去了既得利益，祖父两代为韩相的张良，在强大的心理落差之下，当然要向秦始皇复仇，于是他收买了一个刺客，让其在秦始皇巡游天下，路过博浪沙这个地方时，用一个重达55千克左右的大锤子飞击秦始皇车驾，然而结果是击中副车，秦始皇安然无恙，接下来当然是张良成为全国通缉的对象。苏东坡评论说，秦刚刚横扫六合，天下甫定，气势旺盛之时，这时去做这样的事情，是飞蛾扑火；汲汲于小忿，是缺乏头脑。

而接下来苏东坡先生就赞赏逃难之中的张良在后来"拾履得书"那件事所表现的忍耐力和情商。传说张良一日来到一桥上，看到一个老人（即黄石公）故意脱下一只鞋扔下桥，然后对萍水相逢的张良说："去，把我的鞋子拣来。"张良本来要打他，见其年老，不好发作，遂其愿。老人说了一句"孺子可教"，并相约五日后黎明在这桥上相会。五日后张良如约，但是被老人认为迟到了，于是相约五日后再会。当张良在鸡叫之前赶去，结果老人却已在那里等待，于是又被数落了一通。在第三个五日后，张良半夜就赶去等候，结果先于老人，老人很满意，授予《太公兵法》。在此过程中，张良表现了超强的忍耐力。不论这个故事是真是假，苏东坡先生用这个故事说明了成大事者必须"忍小忿"。

而成就功业的张良，最终用坚忍的心，辅助刘邦获取天下，当韩信攻下齐国，并要求刘邦封他"假齐王"时，刘邦勃然大怒，就要怒形于色时，被张良所制止，刘邦会意后说："什么啊，开玩笑啊，封假齐王，要封就封真齐王。"如果这时刘邦翻脸，韩信自立为王，历史真的就要改写了。

走出历史，回到现实，一个成功的人最可贵的就是会控制自己的情绪。我们每个人心中总会有理智和情感的争斗，自我控制、自我约束是要求一个人按照理智的判断行事，能够克制住自己一时的情绪。如果任凭情绪支配自己的行动，那么毫无疑问我们会沦为情绪和冲动的奴隶。我们每个人都在努力使得自己的生活更加富有意义，朝着我们的目标奋进。但是，现

相关链接：莫大之祸，起于须臾之不忍，不可不谨。——王永彬：《围炉夜话》

实世界中，我们一定会遇到让我们不愉快甚至是愤怒的事情，这个时候，只有保持头脑清醒，不以情绪的暂时满足为目标，才可能躲过那些有可能影响我们实现成功的事情发生。想要战胜自己的情绪，证明自己有控制命运的能力，那么请一定记得苏轼的良言："忍小忿而就大谋。"

名家美文话格言

相关链接：小不忍，则乱大谋。——《论语》

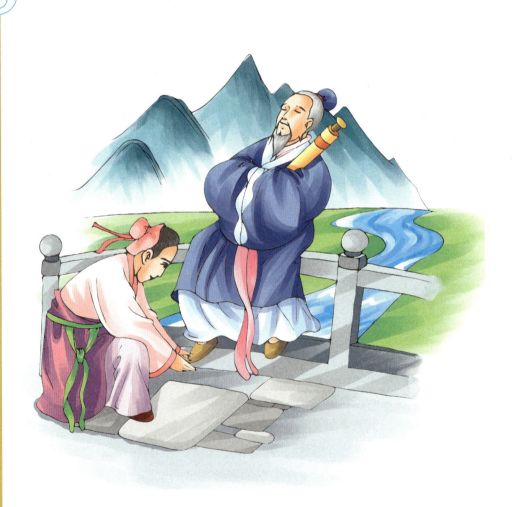

慎终如始，则无败事

民之从事，常于几成①而败之，慎终如始②，则无败事。

——《老子·六十四章》

> **注**
> ①几成：几乎要成功了。
> ②慎终如始：始终如一的小心谨慎。

●●● 释义 ●●●

人们从事事业，经常在即将成功时却失败了，其根本原因在于他们不能遵循自然规律，心存轻忽；如果虑先于事，循道而行，且慎终如始，终始如一，则将百事以成。

人们做事往往在快要成功时失败了，能始终如一、持之以恒、慎终如始，事情就不会失败了。成语"功败垂成"就出自这里。为什么往往功败垂成呢？说穿了，就是恒心毅力不够，在"黎明前的黑暗"那紧要关头退却了，败下阵来。每一个人都应记住先圣老子的这句话，时常勉励我们做事要有恒心，最严峻的时刻也不要低头，也要咬牙挺住，坚持到底就是胜利！

1644 年，李自成率领起义大军攻下北京，便恣肆享乐起来，忽略了对中原虎视眈眈的东北满洲人。更有甚者，还抢占了镇守山海关的辽东总兵吴三桂的爱妾陈圆圆，并杀了他全家。"恸哭三军皆缟素，冲冠一怒为红颜。"为了报不共戴天的杀父之仇、夺妻之恨，吴三桂倒戈为逆，引兵入关，两路大军很快攻下了北京城，不久便征服了全中国。李自成部队因进京后骄奢淫逸、贪享富贵而失去了战斗力，根本不是清兵的对手，李自成战死九宫山，大顺政权昙花一现！

还有唐玄宗李隆基，因平定宫廷叛乱而登上九五之尊，风华正茂，励精图治，在著名宰相宋璟、姚崇、张九龄的辅佐下取得了二十多年"开元盛世"之辉煌，使唐朝走向最鼎盛的时期！然而这位唐明皇却不能慎终如始，在成绩面前飘飘然起来，日益骄傲，故步自封，淫逸堕落，把儿媳妇杨玉环霸占过来，"春从春游夜专夜"，"从此君王不早朝"。

名家美文话格言

相关链接：靡不有初，鲜克有终。——《诗经·小雅·荡》

而且爱屋及乌，连她的三个姐姐也都封为夫人，一切政事委托给口蜜腹剑的奸相李林甫和不学无术的国舅杨国忠。这二人狼狈为奸，把朝政搞得一塌糊涂，最终引发了八年之久的"安史之乱"，唐玄宗仓皇逃亡四川。多亏了郭子仪借来回鹘兵才平定了这场叛乱，但从此唐朝走向了日益衰败的下坡路，安史之乱是唐朝由盛而衰的转折点。

当然，中外历史上慎终如始、善始善终而流芳千古的大有人在，美国独立战争的领袖华盛顿便是一个好榜样。他因领导独立战争的赫赫战功，被选举为新美国的首届总统。在鞠躬尽瘁八年之后，他自动退出选举，弃权让贤，为美国选举定下了铁规矩，总统最多任两届。他的高风亮节使同时代的世界各国领导人相形见绌，自愧不如！

几成而败的原因很多，总不外内因和外因。主观上，在胜利即将到来之时骄傲起来，失去了谨慎作风和警惕性，不再艰苦奋斗而贪图享乐，经不住糖衣炮弹的打击或不利因素、反对力量的颠覆；客观上，往往快要胜利时也是最困难的时候，客观阻碍不断涌出，而自己也快要精疲力竭了，最终只差一步却倒下了，留下无限遗憾。无论原因如何，我们都应当引以为戒。

践行

相关链接：

骐骥一跃，不能十步；驽马十驾，功在不舍。

——荀子：《劝学》

155

适可而止

适可①而止②，无贪心也。

——朱熹注：《论语·乡党》

> **注** ①适可：恰好可以。
> ②止：停下。

●●● 释义 ●●●

到适当的程度就停下来，不要贪心过头。

"适可而止"主要指处世之道，主旨是要留有余地，不要把事情做得太过，不要被胜利冲昏头脑。老子说："持而盈之，不如其已；揣而锐之，不可长保。"意思是不论做什么事都不可过度，而应该适可即止，锋芒毕露，富贵而骄，居功贪位，都是过度的表现，难免招致灾祸。一般人遇到名利当头的时候，没有不心醉神往的，没有不趋之若鹜的。老子在这里说出了知进而不知退、善争而不善让的祸害，希望人们把握好度，适可而止。要把握好"盈"和"适可而止"的"度"。历史上的教训是贪慕权位利禄的人，往往得寸进尺；恃才傲物的人，总是锋芒毕露，耀人眼目，在老子看来这些是应该引以为戒的。否则，富贵而骄，便会招来祸患。就普通人而言，建立功名是相当困难的，但功成名就之后如何去对待它，那就更不容易了。老子劝人功成而不居，急流勇退，结果可以保全天年。然而有些人则贪心不足，居功自傲，忘乎所以，不能做到"适可而止"，结果身败名裂。

秦国的丞相李斯，就是一个富贵而骄，居功贪位的人。他官至丞相之职，可谓富贵功名集于一身，权大势重不可一世。但他对此依然不满足，结果到头来成了阶下囚。临刑时，他曾对儿子说过这样一句话："吾欲与若复牵黄犬，出上蔡东门，逐狡兔，岂可得乎？"到了刑场上，才想起如果不当官，只做一个布衣百姓，与儿子能随时牵着黄犬外出狩猎，那该是多么幸福的事啊！

记得大贪官李真在狱中也说过相似的话："如果还有机会活着，我只求做一个普普通通的人。"很多人都只有到了身败名裂的时候，才会领悟到"适可而止"的真谛，他们都是没有把握好自己的"度"。

相关链接：致中和，天地位焉，万物育焉。——《中庸》

名家美文话格言

相关链接：当知器满则倾，须知物极必反。
——程允升《幼学琼林·人事》

曾国藩是近代中国最显赫和最有争议的历史人物，他是从偏僻的山坳中走出来的一个农家子弟，但最终却成为一个"暮登天子堂"的中兴名将。他能成就自己，是因为他有这样一句为官警言作为他的座右铭："花未全开月未圆"，意思是说，始终保持花骨朵儿的状态，就能留给人们最大的想象空间；月一直未圆，就不可能会有亏的时候。连毛泽东这样的伟人，也发出过这样的感叹："中国历史人物，独服曾文正"，可见曾国藩真的是深解不"盈"之要诀和"适可而止"的智能之人。

"适可而止"实际上告诫人们两层意思。一是如果一个人，你真的能对天道与自然的法则有所认识的话，那么，天赋予你的人生，已足够充实的了。你只要将生命中原有的真善美加以利用，就能因应人世间的种种需求，也就能做到知足常乐了。如果你忘记了原有生命的美与善，反而利用原有生命的动力，尽力扩展不属于生命本身需求的欲望，希求永无止境的个人满足，这样的结果，就必定会招来无限的痛苦，而最终这枚欲望的苦果，只能自己咽下。既然如此，还不如适可而止，就此安于现实，也许这就是人生最好的解脱。

欲望永不满足不停地诱惑着人们追求"功利"和物欲的最高享受，然而过度地追逐利益往往会使人迷失生活的方向，因此，凡事适可而止，才能把握好自己的人生方向。

亡羊而补牢，未为迟也

亡①羊而补牢，未为②迟也。
——《战国策·楚策四》

| 注 | ①亡：丢失。
②未为：没有。 |

■■■释义■■■

丢失了羊而修补羊圈，时间还没有迟。

　　"亡羊而补牢，未为迟也"的典故出自《战国策·楚策四》。战国时代，楚国有一个大臣，名叫庄辛，有一天对楚襄王说："您左边有州侯，右边有夏侯，跟随您乘车出进的有鄢陵君和寿陵君，这四人一味荒淫奢侈，不问国家政事，这样下去，郢都一定会很危险了。"襄王说："先生是老糊涂了呢，还是认为楚国有不祥的兆头了呢？"庄辛说："我确实预见这样的事必然会发生，而不敢认为这是不祥的兆头。如果您总是宠幸这四个人不改的话，那么楚国一定会灭亡的。我请求您允许我躲避到赵国去，住在那一段时间观看事情的发展。"庄辛去了赵国，待了五个月后，秦国果然攻下了楚国的鄢、郢、巫、上蔡、陈等领地，楚襄王被迫流亡在咸阳。于是派人驾着车马到赵国召请庄辛回国，庄辛答应说："好吧。"庄辛到了楚王跟前，楚王说："我没有听信先生的话，现在事情弄到了这种地步，可怎么办才好呢？"庄辛回答说："我听俗话说，'看到了兔子才想到了狗，还不算晚；走失了羊才想起了修补羊圈，也不算迟'。我听说过去商汤、周武只凭百里的土地而昌盛起来；夏桀、商纣拥有天下却灭亡了。现在楚国虽然小了，但取长补短，方圆还有数千里，还有强大起来的希望。"

这个故事用生动的比喻告诉人们，发生错误或事情失败后，只要及时总结经验教训，设法补救，还不算晚。

当然事后的补救总不如事前预作准备为好，千万不要以为既然事后能补救，就可以犯错误和发生过失。据史料记载，楚国经受了这番失败之后，虽然又收复了一些失地，但国势还是衰弱下去了。这个历史教训，值得后人永远记取。

古人言："前车覆，后车诫。"任何"亡羊"事故的发生，虽然其表现形式千差万别，但只要认真观察分析，总有一些共性的东西可循。如果能自觉地对别人的教训进行总结、分析，并在实践中加以借鉴运用，完全可以有效地避免"重蹈覆辙"。一位哲人说过："一个善于反思的民族才是一个值得尊重的民族。"因此，我们不能再用"亡些羊"，甚至"亡光了羊"作为代价，来唤起我们的"补牢"意识了。"牢"是圈羊的，只要有羊，就要不断地检查"牢"的坚固程度，及时地把牢补好，不让"亡羊"，才是上上之策。

首先，要反思自己的"亡羊"之痛，对自己的"亡羊"教训要深刻吸取。一个单位或一个人发生了问题，就如同被一块石头多次绊倒，只总结经验，不吸取教训是不行的。只有以"刮骨疗毒"的狠心，切实在深层次上去挖掘发生问题的根源，勇于承担发生问题的责任，才能摔个跟斗捡个明白。否则，总结教训时就事论事，不能做到见微知著、由此及彼、举一反三，只能是按下葫芦浮起瓢，防范风险更是枉然。

其次，要反思别人的"亡羊"之苦，别人"亡羊"，自己"补牢"，历史"亡羊"，现代"补牢"。要善于从别人和前人所发生的"亡羊"事件中，不断研究和探索防范"亡羊"的方法，明确防范"亡羊"的责任，确立以人为本的思想，不断加大内部控制和监督管理力度，切实把教训盘活用足，从而达到别人"亡羊"自己"补牢"、前人"亡羊"今人"补牢"、一人"亡羊"大家"补牢"之目的。

再次，要经常反思"除狼"的措施是否到位，要真"补牢"不要假"补牢"。其实，"亡羊"的根本在于"狼"，而不在于羊圈的牢固程度。为什么不先除狼呢？即使羊圈没有问题，狼还是可以披上羊皮混入羊群。可怜的羊还是会成为恶狼的美餐。假若我们那些善于"补牢"者平日里就多点责任感，多一些预案性的"除狼"措施，我们因疏忽而导致的各类"亡羊"事故，不就可以免除了吗？因此，我们必须要有"有羊在圈，补牢不懈，除狼不止"的意志和毅力，做到真"补牢"，不搞假"补牢"。这样，就可以消除很多的不虞之祸。

所以，"亡羊补牢"不分前后，不分早晚，只要我们的"补牢"办法"硬"了，"除狼"的措施"强"了，就完全可以做到"羊"在"牢"固。

践行

相关链接：见兔而顾犬，未为晚也。——刘向：《战国策·楚策四》

处阴以休影，处静以息迹

不知处①阴②以休影③，处静以息迹④，愚亦甚矣！

——《庄子·渔父》

> **注**
> ①处：处在。
> ②阴：阴影。
> ③休影：使影子消失。
> ④迹：足迹。

释义

不知道待在阴处就没有了影子，静止不动就没有脚印，实在是蠢得可以啊！

"不知处阴以休影，处静以息迹，愚亦甚矣！"意思是说，不懂得处在树荫下就没有影子，静止不行了脚迹自然不存在，就太愚蠢了。

据史记载孔子和弟子们到缁帷这个地方的森林去游历，遇一须发斑白的渔夫，渔夫问孔子的弟子子贡："孔氏研究什么？"子贡说："孔氏这个人，恪守忠信，奉行仁义，修饰礼乐，精选人才，对上忠于君主，对下感化百姓，使天下人得益。这就是孔氏研究的。""他是有土地的君子吗？"渔夫问道。子贡说："不是。""他是辅佐王侯的吗？"子贡又说："不是。"于是渔夫笑起来，转身往回走说："唉，他离道实在太远了！"子贡把渔夫的话告诉孔子，孔子说："那不是圣人吗？"于是便去寻找，

名家美文话格言

相关链接：定册功成身退勇，辞荣辱，归来白首笙歌拥。——欧阳修：《渔家傲》

到了河边，渔夫正用桨撑开船，回头看见孔子，转身对面站立，孔子往后退几步，再拜前进。渔夫问："您有什么事？"孔子说："刚才先生的高见没说完，我不够敏锐，不能理解，甘拜下风，恭听先生高论，对我是有帮助的。"渔夫说："哎！你真是好学呀！"孔子再拜，起身说："我从小就学习，至今已经 69 岁了，没听过这种高见，怎敢不虚心？"渔夫说："凡物同类相聚同声相和，这是自然的道理。我愿告诉你我懂得的知识，来帮助你做事。你所从事的是人事。天子、诸侯、大夫、庶人，这四种人各就其位，天下大致完美；这四种人离开本位，就会产生大乱。现在，你在上没有君侯的势力，在下没有大臣的官职，而擅自修饰礼乐，选择人才，以教化苍生，不是太多事了吗？"

孔子脸色一变，感叹不已，再拜而起说："我在鲁国两次被驱逐，在卫国站不住脚，在宋国遭到伐树的耻辱，在陈蔡被围困。我不知自己犯的过失，为什么会遭到这四种打击？"渔夫说："有人害怕自己的影子，厌恶自己的足迹，想用走开的办法甩掉它，哪想到抬脚的次数愈多，而足迹也愈多，跑得愈快而影子仍不离身，自以为跑慢了，快跑不停，最后力竭而

相关链接：功成身退，天之道。——《老子·九章》

163

死。他不懂得站在树荫下就没有影子了，静止下来脚迹不再有，太愚蠢了。你审察于仁义之间，明辨同异的界限，看到动静的变化，权衡取舍的适度，调解好恶的感情，中和喜怒的节度，但还是不免遭到灾祸。你应当谨慎修养，慎重地保持真性，把人与物还给自然，这样就没有累患了。如今你不修己身而求责他人，这不是有求于外吗？"

庄子用孔子的这则故事告诉我们：凡事不知从根本上着手，只知在细枝末节上下工夫是不行的。所以庄子认为，人往往因为无知和愚蠢，做事与愿违的事情；如果不做，反而更能接近自己的目标。他用"处阴以休影，处静以息迹"来说明"自然无为"的人生观。

名家美文话格言

相关链接：

非淡泊无以明志，非宁静无以致远。——诸葛亮《诫子书》

欲人勿知，莫若勿为

欲①人勿闻，莫若②勿言；欲人勿知，莫若勿为。

——枚乘：《上书谏吴王》

相关链接：过则无惮改，独则毋自欺。——周希陶：《增广贤文》

注 ①欲：想。
②若：如。

释义

　　要想人家不知道，除非自己不去说；要想人家不知道，除非自己不去做。指干了坏事终究要暴露。

　　"欲人勿知，莫若勿为"，这句话旨在教育人们要尊重自己，修炼慎独。

　　所谓"慎独"，就是在无人监督的情况下，也能严格按道德、法律和制度去做，而不做任何坏事。我国古代的贤哲智者都非常注重以"慎独"作为自己修身养性的标准，"慎独"在《论语》中是这样论述的："是故君子戒慎乎其所不睹，恐惧乎其所不闻。莫见乎隐，莫显乎微，故君子慎其独也。"译成白话文的意思是："君子就是在别人眼睛看不到的地方，也要谨慎小心；在别人听不到的地方，也要警惕注意。隐秘的事情没有不被人发现的，细微的事情没有不被显露出来的，所以君子在个人独处的时候，也要谨慎小心。"

　　《大学》从修身的角度对慎独作了深刻的阐述。《大学》曰："所谓诚其意者，毋自欺也。如恶恶臭，如好好色，此之谓自谦。故君子必慎其独也。小人闲居为不善，无所不至，见君子而后厌然，掩其不善，而着其善。人之视己，如见其肺肝然，则何益矣。此谓诚于中，形于外，故君子必慎其独也。曾子曰：'十目所视，十手所指，其严乎！'富润屋，德润身，心广体胖，故君子必诚其意。"意思是说，要使自己的意念诚实，就不要自欺欺人。要像憎恶腐臭的气味一样，要像喜欢美好的容貌一样，这就是说自己不亏心。因此，君子独处时必须谨慎。小人独居，干不好的事情，没有什么做不出来的；看见了君子，这才躲躲藏藏地把不好的遮盖起来，把好的显示出来。其实人们看他，正像看透他的五脏六腑一样，躲藏遮盖又有什么益处呢？里面有什么样的东西，外面就必然会有什么样的表现。所以君子必须在独居时很谨慎。曾子说："十只眼睛都在注视着，十个手都在指点着，这是多么严肃可畏啊！"财富可以修饰房屋，德行可以修饰人身，心胸宽广可以使身体舒适，所以君子必须使自己的意念诚实。

《论语》和《大学》对"慎独"的论述，可谓鞭辟入里。

蔡文姬是生活在东汉末年的才女，在兵荒马乱之中被胡人掳掠西去。她创作的《胡笳十八拍》是一首感人肺腑的千古绝唱，也是蔡文姬心意的流淌、血泪的结晶和当时动乱现象的真实写照，因此千古流传。

蔡文姬得以在我国文学史上有一定的地位，与其父亲蔡邕的家教是分不开的。蔡邕曾作《女训》说："人的心就像人的脸，因此需要注意修饰。脸一旦不洗就会沾满灰土；同样，心如果不经常向善，就会受到邪恶想法的侵蚀。人们都知道每天修饰自己的脸，却不懂得修正自己的心，这实在令人疑惑啊！脸不加修饰，傻子会认为丑陋难看；而心灵如果不加修炼的话，贤者会认为是邪恶，这就更加令人难以自容了。所以每天照镜子和洗脸时，要想到让自己的内心也保持洁净；擦抹脂粉时，要思考自己的心境是不是也平和向上；洗头梳发时，要想到使内心条理清晰，正直无私。"他这里所说的"内心保持洁净"就是要求人们要慎重独处。

"慎独"作为人生修养的崇高境界，要做到并非易事，需要不断地追求和努力实践。孔子把自身修养与齐家、治国、平天下联系在一起，可谓见微知著，由小及大。古人说"欲人勿知，莫若勿为"，就是告诫我们

相关链接：君子戒慎于其所不目睹，恐惧于其所不闻，莫见乎隐，莫显乎微，是故君子慎其独也。——《礼记·中庸》

要追求慎独，践行慎独。生活在今天的我们，应从中获取教益，更应注重修养，实践慎独，努力做一个高尚的人，一个有道德的人，一个脱离低级趣味的人，一个有益于人民的人。

践行

相关链接：君子之守，修其身而天下平。——《孟子·尽心下》

志之励行

人生就要追求一种理想，成就一番
事业，向往之深，就是笃志，再经
追求之苦，就是笃行，最后将享受
成功之乐。

名家美文话格言

相关链接：刚毅木讷近仁。——《论语·子路》

天行健，君子以自强不息

天行①健②，君子以自强不息；地势坤③，君子以厚德载物。

——《易经》

> **注**
> ①行：指天的运行，或天运行之规律。
> ②健：刚健不屈。
> ③坤：柔顺之意。

●●● 释义 ●●●

天（即自然）的运动刚强劲健，相应于此，君子处世，应像天一样，自我力求进步，刚毅坚卓，发愤图强，永不停息；大地的气势厚实和顺，君子应增厚美德，容载万物。

自强不息是中华民族的传统美德，它深深地熔铸在了中华民族的生命力中，它是推动中华民族绵延千载、生生不息的民族动力。"自强不息"，出于《易经·乾》中的"天行健，君子以自强不息"。天上的日月星辰在不断运行，这就是"天行健"的意思。君子效法天，要像天那样不断运行，不断努力。"厚德载物"，出自《易经·坤》中的"地势坤，君子以厚德载物"。土地的地势就是厚广，可以承载万物，君子取法地，要积累道德，方能承担事业。

孔子极为重视刚健的品德，他说："刚毅木讷近仁。"刚毅即是具有坚定性。与刚健自强有密切联系的是关于独立意志、独立人格和为坚持原则可以牺牲个人生命的思想。孔子肯定人人都有独立的意志，他说："三军可夺帅也，匹夫不可夺志也。"孔子更认为，为了实行仁德可以牺牲个人的生命，"志士仁人，无求生以害仁，有杀身以成仁"。孟子进而提出："生亦我所欲也，义亦我所欲也，二者不可得兼，舍生而取义者也。"坚持自己的人格尊严，这是刚健自强的最基本的要求。

所以，自强不息，厚德载物，是要人们效法天地，在学、行各方面不断去努力。传统文化强调"天人合一"，认为人源于天地，是天地的派生物，所以天地之道就是人生之道。古代不少学者，能深刻体会这种精神并自觉加以践履，如孔子自述"发愤忘食，乐而忘忧，不知老之将至"，讲的就是这种精神。孔子有一次在河边对学生们说："逝者如斯夫，不舍昼夜。"他用这句话激励他的弟子要效法自然，珍惜时光，努力进取。在我国的历史上，拥有自强不息的精神的人有很多。唐朝著名的和尚鉴真，他曾经五次东渡，但都未成功。虽然他自己也受到了很大的伤害，但是他没有放弃东渡，毅然开始了第六次东渡，他终于胜利抵达日本。

人世沉浮如电光石火，盛衰起伏，变幻难测。如果你是天才，勤奋则使你如虎添翼；如果你没有天才，勤奋将使你赢得一切。命运掌握在那些勤勤恳恳的人手中。推动世界前进的人并不是那些严格意义上的天才，而是那些智力平平而又非常勤奋、埋头苦干的人；不是那些天资卓越、才华四射的天才，而是那些不论在哪一个行业都勤勤恳恳、劳作不息的人们。

天赋超常而没有毅力和恒心的人只会成为转瞬即逝的火花。许多意志坚强、持之以恒而智力平平乃至稍稍迟钝的人都会超过那些只有天赋而没有毅力的人。懒惰是一种毒药，它既毒害人们的肉体，也毒害人们的心灵。无论多么美好的东西，人们只有付出相应的劳动和汗水，才能懂得这美好的东西是多么的来之不易。明末顾炎武有诗云："苍龙日暮还行雨，老树春深更著花。"他认为"有一日未死之身，则有一日未闻之道"。王夫之于垂暮之年，疾病卧床，犹克服各种无法想象的困难，勤奋著书。《姜斋公行述》说他："迄于暮年，体羸多病，腕不胜砚，指不胜笔，犹时置楮墨于卧榻之旁，力疾而纂注。"他们所体现的，都是这种"自强不息"的精神。这种精神由于人们的践履，使我们后人仍时时感受到它那幽杳的理性与璀璨的美。

"天道酬勤，厚德载物"，伟大的成功和辛勤的劳动是成正比的，而自强不息，增厚美德以容载万物则应该成为我们崇高不变的追求。

名家美文话格言

相关链接：胜人者有力，自胜者强。——《老子·三十三章》

天下大事，必作于细

天下难事，必作于易①；天下大事，必作于细②。

——《老子·六十三章》

注　①易：容易。
　　②细：细微。

释义

　　天下看似困难的事情，无一不是从容易的地方开始做起，做成大事，要从细微的事情开端。

　　老子在两千多年以前就说："天下大事，必作于细。"意思是说做成大事，要从细微的事情开端。在科学技术飞速发展、社会分工越来越细密的今天，我们要由衷地感叹老子深刻的洞察力，现代的管理学也验证了这句话的科学性。

　　海尔总裁张瑞敏先生在比较中国公司员工与日本公司员工的认真精神时曾说：如果让一个日本员工每天擦桌子6次，日本员工会不折不扣地执行，每天都会坚持擦6次；可是如果让一个中国员工去做，那么他在第一天可能擦6次，第二天可能擦6次，但到了第三天，可能就会擦5次、4次、3次，到后来，就不了了之。有鉴于此，他表示：把每一件简单的事做好就是不简，把每一件平凡的事做好就是不平凡。

与日本员工的认真、精细比较起来，中国员工确实有大而化之、马马虎虎的毛病，以至于社会上"差不多"先生比比皆是，好像、几乎、似乎、将近、大约、大体、大致、大概等，成了"差不多"先生的常用词。就在这些词汇一再使用的同时，生产线上的次品出来了，矿山上的事故频频发生了，社会上违章犯纪不讲原则的事情也是屡禁不止了。

与"差不多""大概"的观念相应的，是人们都想做大事，而不愿意或者不屑于做小事。但事实上，正如汪中求先生在《细节决定成败》一书中所说的："芸芸众生能做大事的实在太少，多数人的多数情况总还只能做一些具体的事、琐碎的事、单调的事，也许过于平淡，也许鸡毛蒜皮，但这就是工作，是生活，是成就大事的不可缺少的基础。"

随着经济的发展，专业化程度越来越高，社会分工越来越细，也要求人们做事认真、精细，否则会影响整个社会体系的正常运转。如，一台拖拉机，有五六千个零部件，要几十个工厂进行生产协作；一辆上海牌小汽车，有上万个零件，需上百家企业生产协作；一架"波音747"飞机，共有450万个零部件，涉及的企业单位更多。而美国的"阿波罗"飞船，则要两万多个协作单位生产完成。在这由成百上千乃至上万、数百万的零部件所组成的机器中，每一个部件容不得哪怕是1%的差错。否则的话，生产出来的产品不单是残次品、废品的问题，甚至会危害人的生命。如我国前些年澳星发射失败就是细节问题：在配电器上多了一块0.15毫米的铝物质，正是这一点点铝物质导致澳星爆炸。正所谓"失之毫厘，谬以千里"。所以，要想保证一个由无数个零件所组成的机器的正常运转，就必须通过制定和贯彻执行各类技术标准和管理标准，从技术和组织管理上把各方面的细节有机地联系协调起来，形成一个统一的系统，才能保证其生产和工作有条不紊地进行。

美国质量管理专家菲利普·克劳斯比曾说："一个由数以百万计的个人行动所构成的公司（想想看，每个人每天要执行多少不同的行动）经不起其中1%或2%的行动偏离正轨。"

而且，注重细节、把小事做细，是一个比较难的事。丰田汽车社长认为其公司最为艰巨的工作，不是汽车的研发和技术创新，而是生产流程中一根绳索的摆放，要不高不矮、不粗不细、不偏不歪，而且要确保每位技术工人在操作这根绳索时都要无任何偏差。

　　所以，无论做人、做事，都要注重细节，从小事做起。我们的古人就提倡"天下大事，必作于细；天下难事，必成于易"。周恩来总理就一贯提倡注重细节，他自己也是关照小事、成就大事的典范。

　　大礼不辞小让，细节决定成败。在中国，想做大事的人很多，但愿意把小事做细的人很少。我们不缺少雄韬伟略的战略家，缺少的是精益求精的执行者；不缺少各类管理规章制度，缺少的是对规章条款不折不扣的执行。我们必须改变心浮气躁、浅尝辄止的毛病，提倡注重细节，把小事做细、做好。

相关链接：致广大而尽精微。——《中庸》

千里之行，始于足下

千里之行①，始②于足下。

——《老子·六十四章》

注 ①行：路程。
②始：开始。

●●● 释义 ●●●

千里遥远的路程是从脚下第一步开始的。比喻任何事情的成功都是从头开始，从小到大逐渐积累的。

积累是成功的前提。事物总是遵循由小到大，由浅入深，由简单到复杂，由不完善到完善的趋势，一点点地向前发展的。没有坚固的地基，就不会有百层的大厦，没有基础科学的根基，就不会有高科技的飞速发展。老子云："合抱之木，生于毫末；九层之台，起于累土；千里之行，始于足下。"可见，世界上万物的发展都是有一个过程的，成功当然也是如此。没有自己的努力，没有一点一滴的积累与耕耘，不可能攀登上成功的顶峰，必须从一点一滴做起，凭着无尽的恒心与顽强的毅力，从细微处入手，从基础处入手，切切实实地把握住每一个环节，每一段道路，这样，我们才能一步步走向辉煌。

古往今来，能够在事业上取得成就的人是很多的。他们的成就和荣誉往往令人敬佩、羡慕，人们也常渴望能取得他们那样的成就。然而通往成功的凯旋门之路是由一木一石铺就的，唯有一砖一瓦的堆筑，才能够构建鳞次栉比的成功之楼。认准方向，朝着理想，从小处做起，一步一步地积累着，走下去，这才是成功的秘诀。

唐代诗人李贺7岁即席赋诗，以27岁青春谱写了223首壮丽的诗篇。他的成功在于平时的积累。为了捕捉创作灵感，他每日骑驴背囊、游历生活。正是由于他"踏破铁鞋无觅处"的执著，才踏出了"黄尘清水三山下，更变千年如走马"的千古佳句。

郭沫若写《屈原》虽然只费了10天工夫，但那是他25年酝酿积累的成果。可以说"得文在俄顷，积之在平日"。郭沫若的写作经验也告诉我们，通往"终南捷径"的唯一道路就是要注意不断"积累知识"。

提起我国数学家陈景润，恐怕没有不知道的，人们每次谈起他，就会与那颗数学王冠上的明珠——"哥德巴赫猜想"联系起来。但是，你是否会因他的成绩联想到别的，比如联想到那几麻袋、十几麻袋草稿？你是否会想到，在通向这座科学高峰的千里路上，攀登者是怎样一步一步地艰难向前的呢？对于我们来说，陈景润的那些稿纸本身就是一颗明珠。它告诉人们，伟人之所以成为伟人，是因为他们曾为理想一步一个脚印地奋斗过，他们因此而成功了。

要想达到目标，使理想成为现实，积累是绝不可少的，而人们往往忽视了这一点。古人说："不积跬步，无以至千里；不积小流，无以成江海"，讲的也是这个道理。无论多么远大的理想，伟大的事业，都必须从小处做起，从平凡处做起。东汉时有一个叫陈蕃的人，少时懒惰散漫，不屑于小事，别人让他打扫庭院，他回答："大丈夫当以扫除天下为怀，安事一室乎？"其实这是很没道理的。一室尚扫不了，何以扫天下？当然，后来陈蕃在别人指导下终于改正了自己的错误，成了不但可以"扫一室"，而且可以"理天下"的一代名臣。这是努力加强自己的修养，注意点滴积累而终成大事的绝好例证。

一粒尘埃，在空气中凝结，最后生成磅礴的云雨；一粒沙石，在蚌体内打磨，最后结成昂贵的珍珠。有时候，渺小的开始，可以成就雄壮而宏

相关链接：少壮不努力，老大徒伤悲。——《长歌行》

大的事业；有时候，平凡的开始，可以走出崇高而伟大的人生。所以说"千里之行，始于足下"应该成为每一个有志者在事业上的座右铭。

自伐者无功

自见者不明①，自是者不彰②，自伐者无功③。

——《老子·二十二章》

> **注**
> ①明：明智。
> ②彰：昭著。
> ③功：成功。

释义

　　自我表现的人不明智，自以为是的人不昭著，自我夸耀的人不能成功。

　　老子说："企者不立，跨者不行；自见者不明，自是者不彰，自伐者无功，自矜者不长。其在道也，曰余食赘形。物或恶之，故有道者不处。"译成白话文的意思是：踮起脚跟想要站得高，反而站不稳；长时间迈开大步想要走得快，反而不能远行。想要自我表现的，反而难得露脸；自以为是的，反而不能显扬自己。自我夸耀的，反而功名难就；自我矜持的，反而难得长久。就道的本质而言，诸如此类的行为不过是残羹赘疣。因为这些行为都令人厌恶，所以有道的人绝不这样去做。

　　老子用"企者不立，跨者不行"作比喻，说明"自见""自是""自伐""自矜"这些轻浮、急躁的举动不仅达不到预期的目的，反而背离了原意，显然不足取，只能称之为"余食赘形"。老子的这番话所透射的智

179

慧，为我们立身行事提供了一面明亮的镜子。

大千世界，奥妙无穷；人生短暂，能力有限。不要说我们一般人的知识少得可怜，即使是圣人贤者也不可能穷尽宇宙的奥秘。因此，保持谦虚的品德非常重要。谦虚做人，低调处世，会使人避免尴尬，留有余地。圣人孔子在这方面就堪称世人的楷模。我们来看看孔子是如何谦虚处世的。

《列子》中有这样一则《两小儿辩日》的故事。有一次，孔子在路上遇到两个小孩正争论不休，孔子问他们争论什么？一个小孩说："我认为太阳刚出来时离人比较近，而到了中午，太阳就离我们远了。"另一个小孩却认为太阳刚出来时离人远，而中午离人近。

第一个小孩的理由是太阳刚出来时大，而到了中午时小，因此他由远者小、近者大得出自己的结论。另一个小孩则认为太阳刚出来时凉，中午时热，就由远者凉、近者热得出自己的结论。

当他们请教孔子判定是非时，却难住了大圣人孔子。孔子谦虚地承认自己不能做出判断谁是谁非。可见，学问无止境，即使是圣人也有许多不懂的地方，何况我们普通人呢，因此，任何人都不应该有骄傲自满的理由，"谦虚使人进步，骄傲使人落后"就是这个道理。

事实上，任何人都有知识的盲区，会有不如别人的地方。如果能够虚心求教，就能以他人之长，补自己之短，不断地提升自己的素质。

范仲淹是宋朝著名的政治家和文学家，他在写作中十分严谨和谦虚。有一次，他写了一篇文章，其中有四句是："云山苍苍，江水泱泱，先生之德，山高水长。"

写成后，他请李泰伯看。李泰伯读后，一再称赞文章写得好，并建议范仲淹改动一个字，把"德"改为"风"。

范仲淹思考了一番，欣然同意。这一字确实改得很好，因为"风"字表达的范围更宽，而且能与前面的"云山"和"江水"相呼应。范仲淹对这一改动非常满意，后来把李泰伯称为自己的老师。

从这两个小故事可见，孔子、范仲淹之所以能成为历史上的圣人贤者，除了其学识本领外，与他们谦虚处世的品德是分不开的。

"汝唯不矜，天下莫与汝争能；汝唯不伐，天下莫与汝争功"，老子的这句话意思是说如果你不自我吹嘘，天下就没有人与你争高下，没有人与你争功劳。说得更直白些，就是要求我们做人要谦虚。一个人如果放低身段，谦虚为人，就会得到别人的帮助，受益匪浅；相反，一个人如果骄傲自满，自高自大，听不进别人的意见，必定会遭到失败的惩罚。

践行

相关链接：劳谦虚己，则附之者众；骄慢倨傲，则去之者多。——葛洪

名家美文话格言

相关链接：以行而求知，因知以进行。——孙中山：《孙文学说》

绳锯木断，水滴石穿

绳①锯木断，水滴石穿。

——罗大经：《鹤林玉露》

> **注** ①绳：草绳。

●●● 释义 ●●●

用绳当锯子，也能把木头锯断；长期用水滴石，也能洞穿石头。比喻力量虽小，只要坚持下去，事情就能成功。

宋时，崇阳有一县令名叫张乖崖，为人正直，洁身自好，且办事认真，一丝不苟，颇有政绩，深受全县人民爱戴。"水滴石穿"这个成语原出自崇阳，就是他在崇阳当县令时所发生的故事。

一天，张乖崖偶然发现管钱库的小吏偷了一文钱，连忙追问。管钱库的小吏见县令无休止地追查，竟满不在乎地回答说："老爷啊，你也太认真了，一文铜钱算得了什么，我想拿去给孩子买个烧饼吃吃。"张乖崖怒道："一文铜钱有什么要紧？这是国家的钱！"随即吩咐击鼓升堂，他猛地拍了一下惊堂木："将这奴才拖下去，重打四十大板！"

打完板子，张乖崖问："奴才，你已知罪吗？"小吏不服气，回答说："为了一文钱，实在打得太冤枉！"

张大怒："你还叫冤枉，再打二十！"打完板子，张又问："你已知罪吗？"小吏大叫："打得太冤枉，打由你，可你总不能杀我！"张更怒："好，我要叫你死得不冤枉。"于是马上挥笔写了判词："一日一钱，千日千钱，绳锯木断，水滴石穿。"他亲自挥剑诛小吏于阶下，然后申报上级，对自己进行治罪。虽然因此挥剑诛小吏显得有点太过，但"绳锯木断，水滴石穿"所讲的深刻道理一直广泛流传到现在。

这里的"绳锯木断，水滴石穿"，是用来比喻日积月累，积小为大，积少成多的意思。我国古代战国儒家荀子也说过："锲而舍之，朽木不折；锲而不舍，金石可镂。"这两句话都告诉了我们：要成就事业，就必须坚持不懈、持之以恒地努力。三国时吕蒙读书的故事是最能说明这一深刻道理的。

吕蒙是东吴的一员战将，但有武无文，孙权就对他说："如今你是掌管大事的国家要人，应当学些文化以开心智。"为了让吕蒙有效学习，孙权还给他开了书单，有《孙子》《六韬》《左传》《国语》，还有一些其他的史书。从此，吕蒙便开始看书，并且非常努力，他读书越来越多，有的书连当时的儒生也没读过。有一次，鲁肃到陆口接替周瑜，路过吕蒙的军营，和他一起聊天。他惊奇地发现，吕蒙的学问大长，自己常常被他问住。鲁肃拍着吕蒙的肩膀说："我总认为你不过只有武略罢了，今天看来，弟学识渊博，再不是吴下阿蒙了。"吕蒙说："士别三日，即更刮目相待呀！"

在历史的长河中，有多少伟大的科学成就、文学名著都是这样产生的。宋代司马光编写《资治通鉴》，费尽了19年的光阴，定稿时，已是老眼昏花、两鬓斑白了；明代李时珍撰写《本草纲目》，跑遍了名山大川，收集上万种药方，用了整整27年。这一切不都说明了只有坚持不懈、呕心沥血，才能达到成功的顶峰吗？

古代的许多寓言故事中也都蕴含着持之以恒就能胜利的道理。愚公年老力衰，子孙势单力薄，但他们敢于向巍然的太行、王屋两山开战，最终取得胜利；兔子跳跃敏捷，乌龟爬行缓慢，但在龟兔赛跑中乌龟折桂。这些不可思议的事情都在锲而不舍的毅力下变成了现实。

"绳锯木断，水滴石穿"告诉我们：只要坚持不懈，就能做出伟大的功

相关链接：蒙始就学，笃志不倦，其所览见旧儒不胜。——陈寿：《三国志·吴志·吕蒙传》

绩。它告诫我们要从小事做起，磨炼自己的意志，锤炼自己的毅力，这样才能为自己的人生谱写出最美的篇章。

弃燕雀之小志，
慕鸿鹄以高翔

弃燕雀之小志，慕①鸿鹄②以高翔。

——丘迟：《与陈伯之书》

> **注**　①慕：仰慕。
> 　　　②鸿鹄：天鹅。

释义

　　丢掉飞不高的燕雀那样的狭小志向，而敬仰高飞的鸿鹄那样远大的目标。

　　王国维先生在《人间词话》中曾谈过人生追求理想的三种境界，"古今之成大事、大学问者，必经过三种境界：'昨夜西风凋碧树，独上高楼，望尽天涯路。'此第一境界。'衣带渐宽终不悔，为伊消得人憔悴。'此第二境也。'众里寻她千百度，蓦然回首，那人却在灯火阑珊处。'此第三境也。"

　　王先生的第一境界写登楼远眺，把力量倾注在"望尽天涯"上，使人进入一种境界：要成就大事、干一番事业，就应该把眼光放远，选准目标。在茫然无绪中，不必困惑，也无须悲哀。这种追求理想时向往之深的心情，正是我们干一番事业所需要的一种境界。

第二种境界，是写别后相思之苦，人都消瘦了。其执一、固执、殒身无悔的精神，为追求理想所付出的艰苦历程，这种废寝忘食、专心致志、苦苦追寻的精神，也是要干一番事业所需要的一种境界。

第三种境界，是写理想追求得以实现后的满足、喜乐，学有所得，干有所获，自然是欢乐的。

人生就是要追求一种理想、干一番事业，先有向往之深，再经追求之苦，最后享受成功的快乐。

古人云："志不立，天下无可成之事。"立志是事业走向成功的大门。一位哲人说过："一个人追求的目标越崇高，他的才能就发挥得越充分，对社会就越有益。"的确，志向越大，对自己的压力也就越大，自己潜能的开发也就越充分。所以古人都强调"志当存高远"，要"弃燕雀之小志，慕鸿鹄以高翔"。在这方面，毛泽东可以说是我们学习的典范。

1910 年 17 岁的毛泽东是典型的农家子弟，足迹所及只限于韶山冲和唐家坨。父亲毛顺生本打算送他到湘潭县城一家米店当学徒，可毛泽东到外面继续求学的愿望非常迫切，想到离韶山 25 公里的湘乡县立东山小学堂接受新学教育，便找舅舅、堂叔和表哥劝说父亲。毛顺生听后，觉得儿子进洋学堂也许是件好事，就同意了。1910 年秋，毛泽东离开闭塞的韶山，走向外面更广阔的世界，步入人生历程的第一个转折。临行前，他写了一首诗，夹在父亲每天必看的账簿里："孩儿立志出乡关，学不成名誓不还。埋骨何须桑梓地，人生无处不青山。"

这首诗字里行间渗透着少年毛泽东的志向，是少年毛泽东走出乡关、奔向外面世界的宣言书，表明了他胸怀天下、志在四方的远大抱负。

1910 年秋，毛泽东到湘乡县东山高等小学堂参加入学考试。面对试题《言志》，他说古论今，直抒胸臆，把个人的志向和祖国的命运联系在一起，一气呵成，几位主考老师不约而同将他的文章判为第一，但该校的助办者地主豪绅却因毛泽东不是本县人，欲将他拒之门外，谭咏春等几位国文老师极力申辩，校长李元甫也对他的文章大加赞赏，终于破格录取了他。一学期未完，谭老师和李校长看他成绩优异，又胸怀大志，就保送他上长沙的湘乡驻省中学，毛泽东说家里无钱，谭老师忙说：

"不要紧，有校长一起推荐你去，吃公费。"就这样，他终于走出了山村，赶上了时代的列车，成了改变整个中国乃至世界东方形势的巨人。试想，如果不是他胸怀大志，那他的前程在东山高等小学堂录取考试时不就山穷水尽了吗？

所以说每个人都不要慨叹成功太遥远，不要抱怨求索太迂缓，因为，

践行

相关链接：老骥伏枥，志在千里。烈士暮年，壮心不已。——曹操

名家美文话格言

相关链接：大鹏一日同风起，扶摇直上九万里。——李白

人生，如同攀登一座巍峨的高山，每一级台阶都是通向顶峰的必由之路，都蕴涵了无限风景；人生，亦如一场漫长的接力赛，每一个终点都是一个新的起点，都永远值得期待。我们前行路上的每一步，都是通达成功天空的阶梯。人生的征途上，我们一定要告诫自己：成功从来不是一蹴而就的，追寻的越是艰苦，胜利的花朵会越芬芳；奋斗的越是顽强，丰收的果实会越甘美。我们应当相信："长风破浪会有时，直挂云帆济沧海。"

附赠中外名人名言

● 想是彼岸，中间隔着湍急的河流，行动则是架在川上的桥梁。

——克雷洛夫

● 人的活动如果没有理想的鼓舞，就会变得空虚而渺小。

——车尔尼雪夫斯基

● 时危见臣节，世乱识忠良。

—— 鲍照：《代出自蓟北门行》

● 不动，时间也在替我们移动，而日子的消逝，就足以带走我们希望保留的幻想。

——罗曼·罗兰

● 人们困在黑暗之中，迫使人们永远向往光明。

——歌德

● 星辰——我们永不能触到，但我们可以像航海者一样，借星光的位置而航行。

——舒尔茨

● 随理想而生活，本着正直自由的精神，勇往直前的毅力，诚实不自欺的思想而行，则定能臻于至美至善的境地。

——居里夫人

● 丈夫志四海，万里犹比邻。

——曹植：《赠白马王彪》

● 有志者事竟成。

——《后汉书》

● 欲穷千里目，更上一层楼。

——王之涣：《登鹳雀楼》

● 会当凌绝顶，一览众山小。

——杜甫：《望岳》

● 岁寒，然后知松柏之后凋也。

——《论语·子罕》

● 天将降大任于斯人也，必先苦其心志，劳其筋骨，饿其体肤，空乏其身，行拂乱其所为。

——《孟子·告子下》

● 出淤泥而不染，濯清涟而不妖。

——周敦颐：《爱莲说》

名家美文话格言

- 石可破也，而不可夺坚；丹可磨也，而不可夺赤。

——《吕氏春秋·诚廉》

- 精诚所至，金石为开。

——《后汉书·光武十王列传》

- 忧劳可以兴国，逸豫可以亡身。

——《新五代史·伶官传序》

- 古之立大事者，不惟有超世之才，亦必有坚忍不拔之志。

——苏轼：《晁错论》

- 莫道桑榆晚，为霞尚满天。

——刘禹锡：《酬乐天咏老见示》

- 位卑未敢忘忧国，事定犹须待盖棺。

——陆游：《病起》

- 尺有所短，寸有所长；物有所不足，智有所不明。

——屈原：《卜居》

- 若要功夫深，铁杵磨成针。

——曹学：《蜀中广记·上川南道彭山县》

- 百尺竿头，更进一步。

——朱熹：《答巩仲至》

- 日日行，不怕千万里；常常做，不怕千万事。

——《格言联璧》

- 恢弘志士之气，不宜妄自菲薄。

——诸葛亮：《出师表》

- 天下之事常成于困约，而败于奢靡。

——陆游

- 积土而为山，积水而为海。

——《荀子·儒效》

- 人非圣贤，孰能无过。

——《训俗遗规》

- 坚志而勇为，谓之刚。刚，生人之德也。

——《练兵实纪·刚复害》

- 捐躯赴国难，视死忽如归。

——曹植：《白马篇》

- 无羞恶之心，非人也。

——《孟子·公孙丑上》

- 丈夫不报国，终为愚贱人。

—— 陈恭尹：《射虎射石头》